Sinopses JURÍDICAS

VOLUME 5

DIREITO CIVIL

www.editorasaraiva.com.br/direito
Visite nossa página

CARLOS ROBERTO GONÇALVES

Mestre em Direito Civil pela PUC-SP.
Desembargador aposentado do Tribunal de Justiça de São Paulo.
Membro da Academia Brasileira de Direito Civil.

DIREITO CIVIL

DIREITO DAS OBRIGAÇÕES
Parte Geral

VOLUME 5

17ª edição
2018

saraiva jur

ISBN 978-85-472-0610-9 obra completa
ISBN 978-85-472-1534-7 volume 5

DADOS INTERNACIONAIS DE CATALOGAÇÃO NA PUBLICAÇÃO (CIP)
ANGÉLICA ILACQUA CRB-8/7057

Gonçalves, Carlos Roberto

Direito civil : direito das obrigações : parte geral / Carlos Roberto Gonçalves. – 17. ed. – São Paulo : Saraiva Educação, 2018. (Coleção sinopses jurídicas; v. 5)

1. Direito civil I. Título II. Série.

18-0021 CDU 347

somos EDUCAÇÃO | saraiva jur

Av. das Nações Unidas, 7.221, 1º andar, Setor B
Pinheiros – São Paulo – SP – CEP 05425-902

SAC
0800-0117875
De 2ª a 6ª, das 8h às 18h
www.editorasaraiva.com.br/contato

Data de fechamento da edição: 5-12-2017

Dúvidas? Acesse www.editorasaraiva.com.br/direito

CL 602810 CAE 613761

Abreviaturas

art.	–	artigo
Cap.	–	Capítulo
CC	–	Código Civil
cf.	–	conferir
col.	–	coluna
CPC	–	Código de Processo Civil
Dec.	–	Decreto
DJU	–	*Diário da Justiça da União*
ENTA (VI)	–	VI Encontro Nacional de Tribunais de Alçada
inc.	–	inciso
JTACSP	–	*Julgados do Tribunal de Alçada Civil de São Paulo*
LA	–	Lei da Arbitragem
Min.	–	Ministro
n.	–	número(s)
p.	–	página(s)
p. ex.	–	por exemplo
REsp	–	Recurso Especial
RJTJSP	–	*Revista de Jurisprudência do Tribunal de Justiça de São Paulo*
RSTJ	–	*Revista do Superior Tribunal de Justiça*
RT	–	*Revista dos Tribunais*
s.	–	seguintes
T.	–	Turma
Tít.	–	Título
v.	–	vide

Índice

Livro I
DO DIREITO DAS OBRIGAÇÕES

1 INTRODUÇÃO

O direito pode ser dividido em dois grandes ramos: o dos direitos não patrimoniais, referentes à pessoa humana (direito à vida, à liberdade, ao nome etc.), e o dos direitos patrimoniais, de valor econômico, que por sua vez se dividem em reais e obrigacionais. Os primeiros integram o direito das coisas. Os obrigacionais, pessoais ou de crédito compõem o direito das obrigações, que será objeto de nosso estudo. O direito real recai sobre a coisa, direta e imediatamente, vinculando-a a seu titular e conferindo-lhe o *jus persequendi* (direito de sequela) e o *jus praeferendi* (direito de preferência), podendo ser exercido contra todos (*erga omnes*). O direito pessoal confere ao credor o direito de exigir do devedor determinada prestação.

Os direitos reais diferem dos obrigacionais:

a) quanto ao objeto, porque incidem sobre uma coisa, enquanto estes exigem o cumprimento de determinada prestação;

b) quanto ao sujeito, porque o sujeito passivo é indeterminado (são todas as pessoas do universo, que devem abster-se de molestar o titular), enquanto nos direitos pessoais é determinado ou determinável;

c) quanto à duração, porque são perpétuos, não se extinguindo pelo não uso, mas somente nos casos expressos em lei (desapropriação, usucapião em favor de terceiro etc.), enquanto os pessoais são transitórios e se extinguem pelo cumprimento ou por outros meios;

d) quanto à formação, pois só podem ser criados pela lei, sendo seu número limitado e regulado por esta (*numerus clausus*), ao passo que os últimos podem resultar da vontade das partes, sendo ilimitado o número de contratos inominados (*numerus apertus*);

e) quanto ao exercício, porque são exercidos diretamente sobre a coisa, sem necessidade da existência de um sujeito passivo, enquanto o exercício dos direitos pessoais exige uma figura intermediária, que é o devedor;

f) quanto à ação, que pode ser ser exercida contra quem quer que detenha a coisa, ao passo que a ação pessoal é dirigida somente contra quem figura na relação jurídica como sujeito passivo.

2 CONCEITO DE OBRIGAÇÃO

Obrigação é o vínculo jurídico que confere ao credor (sujeito ativo) o direito de exigir do devedor (sujeito passivo) o cumprimento de determinada prestação. Corresponde a uma relação de natureza pessoal, de crédito e débito, de caráter transitório (extingue-se pelo cumprimento), cujo objeto consiste numa prestação economicamente aferível. É o patrimônio do devedor que responde por suas obrigações. Constitui ele, pois, a garantia do adimplemento com que pode contar o credor.

A obrigação nasce de diversas fontes, como se verá a seguir, e deve ser cumprida livre e espontaneamente. Quando tal não ocorre e sobrevém o inadimplemento, surge a responsabilidade. Não se confundem, pois, obrigação e responsabilidade. Esta só surge se o devedor não cumpre espontaneamente a primeira. A responsabilidade é, pois, a consequência jurídica patrimonial do descumprimento da relação obrigacional.

Malgrado a correlação entre ambas, uma pode existir sem a outra. As dívidas prescritas e as de jogo constituem exemplos de obrigação sem responsabilidade. O devedor, nesses casos, não pode ser condenado a cumprir a prestação, isto é, ser responsabilizado, embora continue devedor. Como exemplo de responsabilidade sem obrigação pode ser mencionado o caso do fiador, que é responsável pelo pagamento do débito somente na hipótese de inadimplemento da obrigação por parte do afiançado, este sim originariamente obrigado ao pagamento dos aluguéis.

3 ELEMENTOS CONSTITUTIVOS DA OBRIGAÇÃO

A obrigação compõe-se de três elementos essenciais: a) o subjetivo, relativo aos sujeitos ativo e passivo (credor e devedor); b) o vínculo jurídico existente entre eles; c) o objetivo, atinente ao objeto da relação jurídica.

Os sujeitos da obrigação, tanto o ativo como o passivo, podem ser pessoa natural como jurídica, de qualquer natureza, bem como as sociedades de fato. Devem ser determinados ou, ao menos, determináveis. No contrato de doação, por exemplo, o donatário, às vezes, é indeterminado, mas determinável no momento de seu cumprimento, pelos dados nele constantes (o vencedor de um concurso, o melhor aluno de uma classe etc.). Se não forem capazes, serão representados ou assistidos por seus representantes legais, dependendo ainda, em alguns casos, de autorização judicial.

O vínculo jurídico resulta de diversas fontes e sujeita o devedor a determinada prestação em favor do credor. Divide-se em débito e responsabilidade. O primeiro, também chamado de vínculo espiritual ou pessoal, une o devedor ao credor e exige que aquele cumpra pontualmente a obrigação. O segundo, o vínculo material, confere ao credor não satisfeito o direito de exigir judicialmente o cumprimento da obrigação, submetendo àquele os bens do devedor.

Há, portanto, de um lado o dever da pessoa obrigada (*debitum*), e de outro a responsabilidade, em caso de inadimplemento. O sujeito passivo deve e também responde, de forma coativa, pelo cumprimento da obrigação. Pode existir, no entanto, o desmembramento desses elementos, como no caso da fiança, ou ainda débito sem responsabilidade, como ocorre na obrigação natural, conforme já visto no item n. 3, *retro*.

O objeto da obrigação é sempre uma conduta humana (dar, fazer ou não fazer) e chama-se prestação ou objeto imediato. O objeto da prestação (que se descobre indagando: dar, fazer ou não fazer o quê?) é o objeto mediato da obrigação. Há de ser lícito, possível, determinado ou determinável (CC, art. 104, II) e suscetível de apreciação econômica. Objeto lícito é o que não contraria a lei, a moral e os bons costumes. Nula será a obrigação se o objeto for ilícito, impossível ou indeterminável (art. 166, II). A impossibilidade pode ser física ou jurídica. Haverá impossibilidade física sempre que a prestação avençada ultrapassar as forças humanas; e jurídica, sempre que a estipulação disser respeito a prestação proibida por lei, como a alienação de herança de pessoa viva ou de bens públicos (CC, arts. 100 e 426). A impossibilidade deve ser real (não se tratar de mera dificuldade) e absoluta, isto é, atingir a todos. Não se considera tal a relativa ao devedor tão somente (CC, art. 106).

O objeto deve ser, também, determinado ou determinável (art. 104, II). O art. 243 do Código Civil preceitua que "a coisa incerta será indicada, ao menos, pelo gênero e pela quantidade". Admite-se contrato a respeito de safra futura cuja extensão e valor serão apurados posteriormente (CC, arts. 458 e 459). Exige-se, também, que o objeto da prestação seja economicamente apreciável. Obrigações jurídicas, mas sem conteúdo patrimonial (como o dever de fidelidade entre os cônjuges e outros do direito de família), são excluídas do direito das obrigações.

Aduza-se, por fim, que a causa, embora referida de forma indireta em alguns dispositivos (arts. 140, 373, 876), não foi incluída em nosso ordenamento como elemento constitutivo da relação obrigacional.

4 FONTES DAS OBRIGAÇÕES

Fonte de obrigação é o seu elemento gerador, o fato que lhe dá origem, de acordo com as regras de direito. Indagar das fontes do direito é buscar as razões pelas quais alguém se torna credor ou devedor de outrem.

No direito romano, quatro eram as fontes admitidas: contrato, quase contrato, delito e quase delito. O contrato era a mais importante e resultava da convenção ou do pacto, isto é, de um regramento bilateral de condutas. O quase contrato a ele se assemelhava, faltando-lhe, porém, o acordo de vontades, como na gestão de negócios. O delito consistia no ato ilícito doloso e gerava a obrigação de reparar o dano, assim como o quase delito, de natureza culposa.

O Código Civil brasileiro considera fontes de obrigações: a) os contratos; b) as declarações unilaterais da vontade; e c) os atos ilícitos, dolosos e culposos. A gestão de negócios figura, hoje, no rol das declarações unilaterais, sendo que o delito e o quase delito passaram a ser denominados, genericamente, atos ilícitos. O novo Código Civil prevê, no Título VII do livro das obrigações, quatro espécies de atos unilaterais: promessa de recompensa, gestão de negócios, pagamento indevido e enriquecimento sem causa (arts. 854 a 886); e título ao portador, no Capítulo II do Título VIII (arts. 904 a 909). Há obrigações, entretanto, que resultam diretamente da lei, como a de prestar alimentos aos parentes (CC, art. 1.694), a de indenizar os danos causados por seu empregado (CC, art. 932, III), a *propter rem* imposta aos vizinhos etc. Mesmo no caso do contrato, da declaração unilateral da vontade e do ato ilícito, a lei aparece como fonte primária, pois os referidos atos e negócios jurídicos somente geram obrigações porque assim dispõe a lei.

Pode-se afirmar, pois, que a obrigação resulta da vontade do Estado, por intermédio da lei, ou da vontade humana, manifestada no contrato, na declaração unilateral ou na prática de um ato ilícito. No primeiro caso, a lei é a fonte imediata da obrigação; no segundo, a mediata.

Quadro sinótico – Do direito das obrigações

1. Introdução	O ramo dos direitos patrimoniais, de valor econômico, divide-se em reais e obrigacionais. Os primeiros integram o direito das coisas. Os obrigacionais, pessoais ou de crédito compõem o direito das obrigações.
2. Conceito de obrigação	Obrigação é o vínculo jurídico que confere ao credor (sujeito ativo) o direito de exigir do devedor (sujeito passivo) o cumprimento de determinada prestação. É o patrimônio do devedor que responde por suas obrigações.
3. Obrigação e responsabilidade	Não se confundem. A obrigação nasce de diversas fontes. Cumprida, extingue-se. Se o devedor não a cumpre espontaneamente, surge a responsabilidade pelo inadimplemento. Esta é, pois, a consequência patrimonial do descumprimento da relação obrigacional.
4. Elementos constitutivos da obrigação	a) Subjetivo. Os sujeitos da obrigação podem ser pessoa natural ou jurídica, bem como sociedade de fato. Hão de ser determinados ou determináveis. b) Objetivo. O objeto imediato da obrigação é sempre uma prestação de dar, fazer ou não fazer. O objeto mediato é o que se descobre indagando: dar ou fazer o quê? Há de ser lícito, possível, determinado ou determinável (art. 104, II). c) Vínculo jurídico. Sujeita o devedor a determinada prestação em favor do credor.

5. Fontes das obrigações	A obrigação resulta: a) da vontade do Estado, por intermédio da lei; b) da vontade humana, manifestada no contrato, na declaração unilateral ou na prática de um ato ilícito. No primeiro caso, a lei é a fonte imediata da obrigação; no segundo, a mediata. Por estar sempre presente, mediata ou imediatamente, alguns a consideram a única fonte das obrigações.

Título I
DAS MODALIDADES DAS OBRIGAÇÕES

5 CLASSIFICAÇÃO QUANTO AO OBJETO

O Código Civil brasileiro, inspirado na técnica romana, classifica as obrigações, quanto a seu objeto, em três espécies: obrigação de dar (coisa certa ou incerta), de fazer e de não fazer. Portanto, duas positivas (de dar e de fazer) e uma negativa (de não fazer). Todas as obrigações que venham a se constituir na vida jurídica compreenderão sempre alguma dessas condutas, que resumem o objeto da prestação. Em alguns casos, elas caminham juntas, como no contrato de empreitada, em que a obrigação de fazer pode abranger a de dar (CC, art. 610, parte final).

Diverso é o processo de execução de sentença, conforme se trate de execução para entrega de coisa certa (obrigação de dar), regida pelos arts. 806 a 813 do Código de Processo Civil, ou de execução das obrigações de fazer e de não fazer, reguladas pelos arts. 814, 815 e s. do mesmo diploma.

6 CLASSIFICAÇÃO QUANTO AOS SEUS ELEMENTOS

Três são os elementos constitutivos da obrigação: os sujeitos (ativo e passivo), o vínculo jurídico e o objeto (*v.* n. 3, *retro*). Em relação a eles, dividem-se as obrigações em simples e compostas (ou complexas). Obrigações simples são as que se apresentam com um sujeito ativo, um sujeito passivo e um único objeto, ou seja, com todos os elementos no singular. Basta que um deles esteja no plural para que a obrigação se denomine composta ou complexa. Por exemplo: "José obrigou-se a entregar a João um veículo e um animal" (dois objetos). A obrigação, nesse caso, é composta pela multiplicidade de objetos. Se a pluralidade for de sujeitos, ativo e passivo, concomitantemente ou não, a obrigação será composta pela multiplicidade de sujeitos.

As obrigações compostas pela multiplicidade de objetos podem ser cumulativas (ou conjuntivas) e alternativas (ou disjuntivas). Nas primeiras, os objetos apresentam-se ligados pela conjunção "e", como na obrigação de entregar um veículo e um animal, ou seja, os dois, cumulativamente. Efetiva-se o seu cumprimento somente pela prestação de todos eles. Nas alternativas, os objetos estão ligados pela disjuntiva "ou", podendo haver duas ou mais opções. No exemplo *supra*, substituindo-se a conjunção "e" por "ou", o devedor libera-se da obrigação entregando o veículo ou o animal, ou seja, apenas um deles e não ambos. Tal modalidade de obrigação exaure-se com a simples prestação de um dos objetos que a compõem.

Os doutrinadores costumam mencionar uma espécie *sui generis* de obrigação alternativa, a que denominam facultativa. Trata-se de obrigação simples, em que é devida uma única prestação, ficando, porém, facultado ao devedor, e só a ele, exonerar-se mediante o cumprimento de prestação diversa e predeterminada. É obrigação com faculdade de substituição. O credor só pode exigir a prestação obrigatória (que se encontra *in obligatione*), mas o devedor se exonera cumprindo a prestação facultativa. Embora apresente semelhança com a obrigação alternativa, pode assim ser considerada somente quando observada pela ótica do devedor. Visualizada pelo prisma do credor, é obrigação simples, de um só objeto. Se este perece, sem culpa do devedor, resolve-se o vínculo obrigacional, não podendo aquele exigir a prestação acessória. A obrigação alternativa extingue-se somente com o perecimento de todos os objetos, e será válida se apenas uma das prestações estiver eivada de vício, permanecendo eficaz a outra. A obrigação facultativa restará totalmente inválida se houver defeito na obrigação principal, mesmo que não o haja na acessória.

As obrigações compostas pela multiplicidade de sujeitos podem ser divisíveis, indivisíveis e solidárias. Obrigações divisíveis são aquelas cujo objeto pode ser dividido entre os sujeitos. Nas indivisíveis, tal não ocorre. Ambas podem ser ativas (vários credores) ou passivas (vários devedores). Só há interesse em saber se uma obrigação é divisível ou indivisível quando há multiplicidade de credores ou de devedores.

Se o vínculo obrigacional se estabelece entre um só credor e um só devedor, não interessa saber se a prestação é divisível ou indivisível, porque o devedor deverá cumpri-la por inteiro. Por exemplo: "José obrigou-se a entregar a João duas sacas de café". Nesse caso, o devedor somente se exonera mediante a entrega de todas as sacas. O mesmo acontece se o objeto for indivisível (um cavalo, por exemplo).

Mas se dois forem os credores, ou dois os devedores, as consequências serão diversas. Nas obrigações divisíveis, cada credor só tem direito à sua parte, podendo reclamá-la independentemente do outro. E cada devedor responde exclusivamente pela sua quota. Assim, se o objeto da prestação for, por exemplo, as duas sacas de café supramencionadas, o credor somente pode exigir de um dos devedores a entrega de uma delas. Se quiser as duas, deve exigi-las dos dois devedores (CC, art. 257).

Nas obrigações indivisíveis, cada devedor só deve, também, a sua quota-parte. Mas, em razão da indivisibilidade física do objeto (um cavalo, por exemplo), a prestação deve ser cumprida por inteiro. Se dois são os credores, um só pode exigir a entrega do animal, mas somente por ser indivisível, devendo prestar contas ao outro credor (CC, arts. 259 e 261).

A solidariedade, contudo, independe da divisibilidade ou da indivisibilidade do objeto da prestação, porque resulta da vontade das partes ou da lei. Pode ser, também, ativa ou passiva. Se existirem vários devedores solidários passivos, cada um deles responde pela dívida inteira. Havendo cláusula contratual dispondo que a obrigação assumida por dois devedores, de entregar duas sacas de café, é solidária, o credor pode exigi-las de apenas um deles. O devedor que cumprir sozinho a prestação pode cobrar, regressivamente, a quota-parte de cada um dos codevedores (CC, art. 283).

Mais adiante, esta matéria será desenvolvida.

7 OBRIGAÇÕES DE MEIO E DE RESULTADO

Diz-se que a obrigação é de meio quando o devedor promete empregar seus conhecimentos, meios e técnicas para a obtenção de determinado resultado, sem no entanto responsabilizar-se por ele. É o caso dos advogados, que não se obrigam a vencer a causa, mas a bem defender os interesses dos clientes; bem como o dos médicos, que não se obrigam a curar, mas a tratar bem os enfermos, fazendo uso de seus conhecimentos científicos. Se a obrigação assumida por esses profissionais fosse de resultado, seriam eles responsabilizados civilmente se a causa não fosse ganha ou se o paciente viesse a falecer.

Quando a obrigação é de resultado, o devedor dela se exonera somente quando o fim prometido é alcançado. Não o sendo, é considerado inadimplente, devendo responder pelos prejuízos decorrentes do insucesso. Exemplo clássico de obrigação dessa natureza é a assumida pelo transportador, que promete tacitamente, ao vender o bilhete, levar o passageiro são e salvo a seu destino. Costuma ser mencionada, também, a obrigação assumida pelo cirurgião plástico quando realiza trabalho de natureza estética, assumindo o risco do resultado.

8 OBRIGAÇÕES CIVIS E NATURAIS

Obrigação civil é a que encontra respaldo no direito positivo, podendo seu cumprimento ser exigido pelo credor, por meio de ação. Na obrigação natural o credor não tem o direito de exigir a prestação, e o devedor não está obrigado a pagar. Em compensação, se este, voluntariamente, efetua o pagamento, não tem o direito de repeti-lo. Não cabe o pedido de restituição da importância paga, em razão da *soluti retentio* (expressão usada no direito romano e que significa retenção do pagamento) existente em favor do credor. A referida retenção é o único efeito que o direito positivo atribui à obrigação natural.

O Código Civil brasileiro refere-se à obrigação natural em dois dispositivos: o art. 882, pelo qual "não se pode repetir o que se pagou para solver dívida prescrita, ou cumprir obrigação judicialmente inexigível"; e o art. 564, III, segundo o qual não se revogam por ingratidão as doações "que se fizerem em cumprimento de obrigação natural". Os casos de obrigação natural no novo Código Civil são dois: dívidas prescritas (art. 882) e dívidas de jogo (art. 814). Em todos eles encontram-se presentes os elementos caracterizadores da referida espécie de obrigação: inexigibilidade do cumprimento, inexistência do dever de prestar e inadmissibilidade de repetição em caso de pagamento voluntário.

Não é possível revitalizar obrigação natural por novação, nem se admite possa ser objeto de compensação, que ocorre somente entre dívidas vencidas, isto é, exigíveis. Não comporta fiança nem ônus reais, e não tem eficácia a simples promessa de cumpri-la. Seu pagamento parcial não autoriza o credor a reclamar o cumprimento do restante.

9 OBRIGAÇÕES PURAS E SIMPLES, CONDICIONAIS, A TERMO E MODAIS OU COM ENCARGO

O negócio jurídico, além dos elementos essenciais, pode conter cláusulas acessórias, pelas quais as partes modificam seus efeitos naturais, como a condição, o termo e o encargo ou modo, denominados elementos acidentais. Quanto a estes, as obrigações classificam-se em: puras e simples, condicionais, a termo e modais ou com encargo.

Obrigações puras e simples são as não sujeitas a condição, termo ou encargo. Condicionais são aquelas cujo efeito está subordinado a um evento futuro e incerto (CC, arts. 121 a 130). Nas obrigações a termo, a eficácia está subordinada a um evento futuro e certo, a determinada data. O termo pode ser inicial (*dies a quo*) ou final (*dies ad quem*). Obrigações modais ou com encargo são as oneradas com algum gravame.

O encargo ou modo, ao contrário da condição, "não suspende a aquisição nem o exercício do direito, salvo quando expressamente imposto no negócio jurídico, pelo disponente, como condição suspensiva" (CC, art. 136). Em regra, é imposto nas doações ou nas deixas testamentárias. Mas pode figurar, também, nas declarações unilaterais da vontade, como a promessa de recompensa, e nos contratos onerosos (como na compra e venda de um imóvel, com o ônus de franquear a passagem ou a utilização por terceiros).

10 OBRIGAÇÕES DE EXECUÇÃO INSTANTÂNEA, DIFERIDA E PERIÓDICA

Quanto ao momento em que devem ser cumpridas, as obrigações classificam-se em: a) momentâneas ou de execução instantânea, que se consumam num só ato, sendo cumpridas imediatamente após sua constituição, como na compra e venda à vista; b) de execução diferida, cujo cumprimento deve ser realizado também em um só ato, mas em momento futuro (entrega, em determinada data, do objeto alienado, p. ex.); c) de execução continuada ou de trato sucessivo, que se cumpre por meio de atos reiterados, como ocorre na prestação de serviços, na compra e venda a prazo ou em prestações periódicas etc.

11 OBRIGAÇÕES LÍQUIDAS E ILÍQUIDAS

Considera-se líquida a obrigação certa quanto à sua existência, e determinada quanto ao seu objeto. É expressa por uma cifra, por um algarismo. Ilíquida, ao contrário, é a que depende de prévia apuração, pois o seu valor, o montante da prestação, apresenta-se incerto.

Essa distinção tem aplicação prática em diversos dispositivos do estatuto civil, como o art. 397, que considera em mora, de pleno direito, o devedor que descumpre obrigação positiva e líquida, no seu termo; o art. 407, que trata da contagem de juros nas obrigações líquidas; o art. 369, que admite a compensação somente entre dívidas líquidas, vencidas e de coisas fungíveis; o art. 352, que prevê o direito à indicação, pelo devedor, do débito em que o pagamento deve ser imputado, se todos forem líquidos e vencidos etc.

12 OBRIGAÇÕES PRINCIPAIS E ACESSÓRIAS

Reciprocamente consideradas, as obrigações dividem-se em principais e acessórias. As primeiras subsistem por si, sem depender de qualquer outra, como a de entregar a coisa, no contrato de compra e venda. As obrigações acessórias têm sua existência subordinada a outra relação jurídica, ou seja, dependem da obrigação principal. É o caso da fiança, da cláusula penal, dos juros etc.

O princípio de que o acessório segue o destino, a condição jurídica do principal, foi acolhido pela nossa legislação (CC, arts. 92, 184, 233, 364 etc.). Assim, a nulidade da obrigação principal implica a das obrigações acessórias, mas a recíproca não é verdadeira, pois a destas não induz a da principal (art. 184, 2ª parte).

13 OBRIGAÇÕES COM CLÁUSULA PENAL

São aquelas em que há a cominação de uma multa ou pena para o caso de inadimplemento ou de retardamento do cumprimento da avença. A cláusula penal tem caráter acessório, e como principal função a de servir como meio de coerção. Pode ser compensatória, quando estipulada para o caso de total inadimplemento da obrigação, ou moratória, se destinada a garantir o cumprimento de alguma cláusula especial ou simplesmente a evitar a mora.

14 OBRIGAÇÕES *PROPTER REM*

As obrigações *propter rem* pertencem à categoria das obrigações híbridas, assim denominadas por constituírem um misto de direito pessoal e de direito real, ou por se situarem entre o direito pessoal e o real. Nessa categoria podem ser incluídas, também, as com ônus reais e as com eficácia real.

Obrigação *propter rem* é a que recai sobre uma pessoa, por força de determinado direito real. Só existe em razão da situação jurídica do obrigado, de titular do domínio ou de detentor de determinada coisa. É o que ocorre com a obrigação imposta aos proprietários e inquilinos de um prédio de não prejudicarem a segurança, o sossego e a saúde dos vizinhos (CC, art. 1.277). Decorre da contiguidade dos dois prédios. Por se transferir a eventuais novos ocupantes do imóvel, é também denominada obrigação ambulatorial.

Além das normas do direito de vizinhança, podem ser mencionadas, como exemplos de obrigações dessa espécie, a do condômino, de contribuir para a conservação da coisa comum (CC, art. 1.315); a do condômino, no condomínio em edificações, de não alterar a fachada do prédio (CC, art. 1.336, III); a dos donos de imóveis confinantes, de concorrerem para as despesas de construção e conservação de tapumes divisórios (CC, art. 1.297, § 1º) etc.

Ônus reais são obrigações que limitam o uso e gozo da propriedade, constituindo direitos reais sobre coisas alheias, oponíveis *erga omnes*, como, por exemplo, a renda constituída sobre imóvel. Obrigações com eficácia real são as que, sem perder seu caráter de direito a uma prestação, transmitem-se e são oponíveis a terceiro que adquira direito sobre determinado bem. Exemplo: a estabelecida no art. 576 do Código Civil, pela qual a locação pode ser oposta ao adquirente da coisa locada.

Quadro sinótico – Das modalidades das obrigações

<table>
<tr><td rowspan="3">1. Quanto ao objeto</td><td>a) Obrigação de dar (positiva)</td><td colspan="2">– dar coisa certa;
– dar coisa incerta.</td></tr>
<tr><td>b) Obrigação de fazer (positiva)</td><td colspan="2">– infungível, personalíssima ou intuitu personae;
– fungível ou impessoal;
– obrigação consistente em emitir declaração de vontade.</td></tr>
<tr><td colspan="3">c) Obrigação de não fazer (negativa)</td></tr>
<tr><td rowspan="2">2. Quanto ao seus elementos</td><td colspan="3">a) Simples: apresentam-se com um sujeito ativo, um sujeito passivo e um único objeto.</td></tr>
<tr><td>b) Compostas ou complexas (um ou todos os elementos se encontram no plural)</td><td>pela multiplicidade de objetos</td><td>– cumulativas ou conjuntivas (objetos ligados pela conjunção "e");
– alternativas (objetos ligados pela disjuntiva "ou");
– facultativas: com faculdade de substituição do objeto, conferida ao devedor.
– divisíveis;
– indivisíveis;
– solidárias.</td></tr>
<tr><td>3. Quanto ao conteúdo</td><td colspan="3">a) Obrigação de meio. O devedor promete empregar todos os meios ao seu alcance para a obtenção de determinado resultado, sem no entanto responsabilizar-se por ele (caso de advogados, p. ex.).</td></tr>
<tr><td>3. Quanto ao conteúdo</td><td colspan="3">b) Obrigação de resultado. O devedor dela se exonera somente quando o fim prometido é alcançado (obrigação do transportador e do cirurgião plástico que realiza trabalho de natureza estética, p. ex.).</td></tr>
<tr><td>4. Quanto à exigibilidade</td><td colspan="3">a) Civis: as que encontram respaldo no direito positivo, podendo seu cumprimento ser exigido pelo credor, por meio de ação.
b) Naturais: as inexigíveis judicialmente. O credor não tem o direito de exigir a prestação, e o devedor não está obrigado a pagar. Em compensação, se este, voluntariamente, efetua o pagamento, não tem direito de repeti-lo (dívidas prescritas – art. 882; dívidas de jogo – art. 814).</td></tr>
</table>

5. Quanto aos elementos adicionais	a) Puras e simples: não sujeitas a condição, termo ou encargo. b) Condicionais (art. 121). c) A termo (art. 131). d) Modais, onerosas ou com encargo (art. 136).
6. Quanto ao momento em que devem ser cumpridas	a) Obrigações de execução instantânea: que se consumam imediatamente, num só ato. b) Obrigações de execução diferida: que se consumam num só ato, mas em momento futuro. c) Obrigações de execução continuada ou de trato sucessivo: que se cumpre por meio de atos reiterados.
7. Quanto à liquidez	a) Líquida: certa quanto à sua existência, e determinada quanto ao seu objeto. b) Ilíquida: a que depende de apuração de seu valor para ser exigida.
8. Reciprocamente consideradas	a) Principais: subsistem por si. b) Acessórias: dependem da existência da obrigação principal e lhe seguem o destino.
9. Obrigações com cláusula penal	São aquelas em que há a cominação de uma multa ou pena para o caso de inadimplemento ou de retardamento do cumprimento da avença.
10. Obrigações *propter rem*	Pertencem à categoria das obrigações híbridas (misto de direito pessoal e de direito real). Incluem-se nessa categoria: a) obrigação *propter rem*: a que recai sobre uma pessoa, por força de determinado direito real; b) ônus real: obrigação que limita o uso e gozo da propriedade, constituindo direito real sobre coisa alheia; c) obrigação com eficácia real: a que, sem perder seu caráter de direito a uma prestação, transmite-se e é oponível a terceiro que adquira direito sobre determinado bem (art. 576, p. ex.).

Capítulo I

DAS OBRIGAÇÕES DE DAR

Seção I

DAS OBRIGAÇÕES DE DAR COISA CERTA

15 CONTEÚDO E EXTENSÃO

Como já visto, quanto ao objeto a obrigação classifica-se em: obrigação de dar, de fazer e de não fazer (duas positivas e uma negativa). A obrigação de dar divide-se em: obrigação de dar coisa certa e de dar coisa incerta. Na primeira, obriga-se o devedor a dar coisa individualizada, que se distingue por características próprias, móvel ou imóvel. Por essa razão, o credor de coisa certa não pode ser obrigado a receber outra, ainda que mais valiosa.

O devedor não pode, assim, modificar unilateralmente o objeto da prestação (CC, art. 313). A recíproca também é verdadeira: o credor não pode exigir coisa diferente, ainda que menos valiosa. Entretanto, pode haver concordância do credor em receber uma coisa por outra. A dação em pagamento (entrega de um objeto em pagamento de dívida em dinheiro), por exemplo, depende do expresso consentimento do credor (CC, art. 356). O referido art. 313 afasta a possibilidade de compensação nos casos de comodato e depósito (CC, art. 373, II), porque o credor tem direito à restituição da própria coisa emprestada ou depositada, bem como impede que o devedor se desobrigue por partes, se assim não convencionado.

No tocante a seu conteúdo, a obrigação de dar coisa certa confere ao credor simples direito pessoal, e não real. Por isso, quando não cumprida, não podia o adquirente reivindicar a coisa, por não ter-lhe o domínio. Teria de contentar-se com a ação de perdas e danos e com a resolução da avença (CC, arts. 389 e 475). Todavia, com o advento do art. 461-A, introduzido no estatuto processual civil de 1973 pela Lei n. 10.444, de 7 de maio de 2002, atual art. 498, é agora permitido ao credor perseguir a coisa devida, expedindo-se em seu favor "mandado de busca e apreensão ou de imissão na posse, conforme se tratar de coisa móvel ou imóvel".

Quanto à extensão da obrigação, prescreve o art. 233 do Código Civil que "a obrigação de dar coisa certa abrange os acessórios dela embora não mencionados, salvo se o contrário resultar do título ou das circunstâncias do caso". É uma decorrência da regra geral de que o acessório segue o principal. Nada obsta a que se convencione o contrário. No silêncio do contrato quanto a esse aspecto, a venda de um terreno com árvores frutíferas inclui os frutos pendentes; a alienação de um imóvel inclui, como acessório, o ônus dos impostos; a de um veículo abrange os acessórios colocados pelo vendedor etc. Pode o contrário resultar não só de convenção como de circunstâncias do caso. Por exemplo: embora o alienante responda pelos vícios redibitórios, certas circunstâncias podem excluir tal responsabilidade, como o conhecimento do vício por parte do adquirente.

16 OBRIGAÇÃO DE ENTREGAR E DE RESTITUIR (TRADIÇÃO)

Cumpre-se a obrigação de dar coisa certa mediante entrega (como na compra e venda) ou restituição (como no comodato, p. ex.). Esses dois atos podem ser resumidos numa palavra: tradição. Como no direito brasileiro o contrato, por si só, não transfere o domínio, mas apenas gera a obrigação de entregar a coisa alienada, enquanto não ocorrer a tradição a coisa continuará pertencendo ao devedor, "com os seus melhoramentos e acrescidos, pelos quais poderá exigir aumento no preço; se o credor não anuir, poderá o devedor resolver a obrigação" (CC, art. 237).

Assim, por exemplo, se o objeto da obrigação for um animal, e este der cria, o devedor não poderá ser constrangido a entregá-la. Pelo acréscimo, tem o direito de exigir aumento do preço, se o animal não foi adquirido juntamente com a futura cria. Também os frutos percebidos são do devedor, cabendo ao credor os pendentes (art. 237, parágrafo único).

17 PERDA OU DETERIORAÇÃO DA COISA

Em caso de perecimento (perda total) da coisa antes da tradição, é preciso, primeiramente, verificar se o fato decorreu de culpa ou não do devedor. Não tendo havido culpa deste, ou pendente a condição suspensiva, fica resolvida a obrigação para ambas as partes, que voltam à primitiva situação, tanto na obrigação de entregar como na de restituir (CC, arts. 234, 1ª parte, e 238). Assim, se o vendedor já recebeu o preço da coisa, que veio a perecer sem culpa sua (em razão do fortuito ou da força maior, p. ex.), deve devolvê-lo ao adquirente, em virtude da resolução do contrato, não estando obrigado a pagar perdas e danos. Se o perecimento ocorreu pendente condição suspensiva, não se terá adquirido o direito a que o ato visa (CC, art. 125), e o devedor suportará o risco da coisa.

Quem sofre o prejuízo, na obrigação de entregar, é o próprio alienante, pois continua sendo o proprietário, até a tradição. Segundo o princípio que vem do direito romano, a coisa perece para o dono (*res perit domino*). Na obrigação de restituir coisa certa ao credor, porém, prejudicado será este, na condição de dono (*res perit domino*). Assim, se o animal objeto de comodato não puder ser restituído, por ter perecido devido a um raio, resolve-se a obrigação do comodatário, que não responderá por perdas e danos (exceto se estiver em mora, cf. art. 399), suportando a perda o comodante, "ressalvados os seus direitos até o dia da perda" (art. 238).

A culpa acarreta a responsabilidade pelo pagamento de perdas e danos. Nesse caso, havendo perecimento do objeto, tem o credor direito a receber o seu equivalente em dinheiro, mais as perdas e danos comprovadas, tanto na obrigação de entregar (art. 234, 2ª parte) como na de restituir (art. 239).

Em caso de deterioração (perda parcial), também importa saber, preliminarmente, se houve culpa ou não do devedor. Sem culpa, na obrigação de entregar, poderá o credor resolver a obrigação, por não lhe interessar receber o bem danificado, voltando as partes, nesse caso, ao estado anterior; ou aceitá-lo no estado em que se acha, com abatimento do preço, proporcional à perda (CC, art. 235). Na obrigação de restituir, recebe-o no estado em que estiver, sem direito a qualquer indenização (art. 240). Havendo culpa pela deterioração, na obrigação de entregar, as alternativas deixadas ao credor são as mesmas do art. 235 (resolver a obrigação, exigindo o equivalente em dinheiro, ou aceitar a coisa, com abatimento), mas com direito, em qualquer caso, à indenização das perdas e danos (art. 236). Na obrigação de restituir, o credor também poderá exigir o equivalente em dinheiro, mais perdas e danos (art. 240, 2ª parte).

Observa-se assim que, no geral, sem culpa, resolve-se a obrigação, sendo as partes repostas ao estado anterior, sem perdas e danos. Havendo culpa, estas são devidas, respondendo o culpado, ainda, pelo equivalente em dinheiro da coisa.

Seção II

DAS OBRIGAÇÕES DE DAR COISA INCERTA

Preceitua o art. 243 do Código Civil que "a coisa incerta será indicada, ao menos, pelo gênero e pela quantidade". Já vimos que coisa certa é a individualizada, determinada. A expressão coisa incerta indica que a obrigação tem objeto indeterminado, mas não totalmente, porque deve ser indicada, ao menos, pelo gênero e pela quantidade. É, portanto, indeterminada, mas determinável. Falta apenas determinar sua qualidade.

Se faltar também o gênero, ou a quantidade, a indeterminação será absoluta, e a avença, com tal objeto, não gerará obrigação. Não pode ser objeto de prestação, por exemplo, a de "entregar sacas de café", por faltar a quantidade, bem como a de entregar "dez sacas", por faltar o gênero. Mas constitui obrigação de dar coisa incerta a de "entregar dez sacas de café", porque o objeto é determinado pelo gênero e pela quantidade. Falta determinar somente a qualidade do café. Enquanto tal não ocorre, a coisa permanece incerta.

A determinação dá-se pela escolha. Feita esta, e cientificado o credor, acaba a incerteza, e a coisa torna-se certa, vigorando, então, as normas da seção anterior do Código Civil, que tratam das obrigações de dar coisa certa (CC, art. 245). O ato unilateral de escolha denomina-se concentração. Para que a obrigação se concentre em determinada coisa não basta a escolha. É necessário que ela se exteriorize pela entrega, pelo depósito em pagamento, pela constituição em mora ou por outro ato jurídico que importe a cientificação do credor. Rege-se a obrigação de dar coisa incerta pelo disposto nos arts. 811 *usque* 813 do Código de Processo Civil.

A quem compete o direito de escolha? Ao devedor, declara o art. 244 do Código Civil, se o contrário não resultar do título da obrigação. Portanto, só competirá ao credor se o contrato assim dispuser. Sendo omisso, pertencerá ao devedor. Referido dispositivo estabelece, no entanto, limites à atuação do devedor, dispondo que "não poderá dar a coisa pior, nem será obrigado a prestar a melhor". Deve, portanto, guardar o meio-termo entre os congêneres da melhor e da pior qualidade. Podem as partes convencionar que a escolha competirá a terceiro, estranho à relação obrigacional, aplicando-se, por analogia, o disposto no art. 1.930 do mesmo diploma.

Determinada a qualidade, torna-se a coisa individualizada, certa. Antes da escolha (a definição somente se completa com a cientificação do credor), "não poderá o devedor alegar perda ou deterioração da coisa, ainda que por força maior ou caso fortuito" (CC, art. 246), pois o gênero nunca perece (*genuns nunquam perit*). Se alguém, por exemplo, obriga-se a entregar dez sacas de café, não se eximirá da obrigação, ainda que se percam todas as sacas que possui, porque pode obter, no mercado, o café prometido. Entram nessa categoria também as obrigações em dinheiro, pois o devedor não se exonera se vem a perder as cédulas que havia separado para solver a dívida.

Diferente será a solução se obrigar-se a dar coisa certa, que venha a perecer, sem culpa sua (em incêndio acidental, p. ex.), ou se se tratar de gênero limitado, ou seja, circunscrito a coisas que se acham em determinado lugar (animais de determinada fazenda, cereais de determinado depósito etc.). Sendo delimitado dessa forma o *genus*, o perecimento de todas as espécies que o componham acarretará a extinção da obrigação.

Capítulo II

DAS OBRIGAÇÕES DE FAZER

18 ESPÉCIES

Nas obrigações de fazer, a prestação consiste em atos ou serviços a serem executados pelo devedor. Diferem das obrigações de dar, principalmente porque o credor pode, conforme as circunstâncias, não aceitar a prestação por terceiro, enquanto nestas se admite o cumprimento por outrem, estranho aos interessados (CC, art. 305).

Quando for convencionado que o devedor cumpra pessoalmente a prestação, ou a própria natureza desta impedir a sua substituição, estaremos diante de obrigação de fazer personalíssima (*intuitu personae*), infungível ou imaterial (CC, arts. 247 e 248). A infungibilidade pode decorrer da própria natureza da prestação, ou seja, das qualidades artísticas ou profissionais do contratado (famoso pintor, consagrado cirurgião plástico, p. ex.), sendo nesse caso subentendida, ou do contexto da avença, por convencionado que o devedor a cumpra pessoalmente. Quando não há tal exigência, nem se trata de ato ou serviço cuja execução depende de qualidades pessoais do devedor, podendo ser realizado por terceiro, diz-se que a obrigação de fazer é impessoal, fungível ou material (CC, art. 249).

A obrigação de fazer pode derivar, ainda, de um contrato preliminar (pacto *de contrahendo*), e consistir em emitir declaração de vontade, como, por exemplo, outorgar escritura definitiva em cumprimento a compromisso de compra e venda, endossar o certificado de propriedade de veículo etc.

19 INADIMPLEMENTO

A impossibilidade de o devedor cumprir a obrigação de fazer, bem como a recusa em executá-la, acarretam o inadimplemento contratual. Se "a prestação do fato tornar-se impossível sem culpa do devedor, resolver-se-á a obrigação" (CC, art. 248), desde que a impossibilidade seja absoluta (cf. art. 106). Se decorrer de culpa deste, ou seja, se o próprio devedor criou a impossibilidade, responderá ele por perdas e danos (art. 248, 2ª parte). Como ninguém pode fazer o impossível (*impossibilia nemo tenetur*), resolve-se a obrigação, sem consequências para o devedor sem culpa, e com a responsabilidade pela satisfação das perdas e danos, para o culpado.

Assim, o ator que fica impedido de se apresentar em determinado espetáculo em razão de acidente a que não deu causa, ocorrido no trajeto para o teatro, sendo hospitalizado, não responde por perdas e danos. Mas a resolução do contrato o obriga a restituir eventual adiantamento da remuneração. Responde por elas, no entanto, se a impossibilidade foi por ele criada, ao viajar para local distante, por exemplo, às vésperas da apresentação contratada.

Em caso de recusa do devedor em cumprir a prestação a ele só imposta no contrato, ou só por ele exequível devido a suas qualidades pessoais (obrigação personalíssima ou infungível), haverá a responsabilização pelo pagamento das perdas e danos (CC, art. 247). A recusa voluntária induz culpa. O cantor que se recusa a se apresentar no espetáculo contratado responde pelos prejuízos acarretados aos promotores do evento.

A recusa ao cumprimento de obrigação de fazer infungível resolve-se, tradicionalmente, em perdas e danos, pois não se pode constranger fisicamente o devedor a executá-la. Atualmente, no entanto, admite-se a execução específica das obrigações de fazer, como se pode verificar pelos arts. 497 e 536, § 4º, do Código de Processo Civil, que contemplam meios de, indiretamente, obrigar o devedor a cumpri-las, mediante a cominação de multa diária (*astreinte*). Dispõe o art. 499 do citado diploma que a "obrigação somente será convertida em perdas e danos se o autor o requerer ou se impossível a tutela específica ou a obtenção do resultado prático equivalente". Regra semelhante encontra-se no art. 84 do Código de Defesa do Consumidor.

O referido art. 499 do diploma processual regula a ação de conhecimento, de caráter condenatório, e não a execução específica da obrigação de fazer ou não fazer, constante de sentença transitada em julgado, ou de título executivo extrajudicial (CPC, art. 814), que deve seguir o rito estabelecido nos arts. 815 e s. do estatuto processual. Atualmente, portanto, a regra quanto ao descumprimento da obrigação de fazer ou não fazer é a da execução específica, sendo exceção a resolução em perdas e danos. Vem decidindo o Superior Tribunal de Justiça que é facultado ao autor pleitear a cominação de pena pecuniária tanto nas obrigações de fazer infungíveis quanto nas fungíveis (cf. *RSTJ*, 25:389; REsp 6.314-RJ, *DJU*, 25 mar. 1991, p. 3222, 2ª col., em.).

Em se tratando de obrigação de fazer fungível, que pode ser executada por terceiro, "será livre ao credor mandá-lo executar à custa do devedor, havendo recusa ou mora deste, sem prejuízo da indenização cabível". Em caso de urgência, "pode o credor, independentemente de autorização judicial, executar ou mandar executar o fato, sendo depois ressarcido" (CC, art. 249 e parágrafo único). Para o credor, não importa que a prestação venha a ser cumprida por terceiro, a expensas do substituído. Interessa-lhe o cumprimento, a utilidade prometida (CPC, art. 817).

O inadimplemento de obrigação de emitir declaração de vontade dá ensejo à propositura da ação de adjudicação compulsória, de rito sumário, se se tratar de compromisso de compra e venda de imóvel vendido em prestações, irretratável e irrevogável (CC, art. 1.418; Dec.-lei n. 58/37; Lei n. 649/49; Lei n. 6.766/79), em que o juiz, substituindo-se ao devedor inadimplente, adjudica o imóvel compromissado ao credor. O Superior Tribunal de Justiça vem admitindo a propositura da aludida ação com base em compromisso de compra e venda irretratável, mesmo não estando registrado no Cartório de Registro de Imóveis.

Se o objeto for bem móvel, cabe ação de obrigação de fazer, fundada no art. 501 do Código de Processo Civil, que assim dispõe: "Na ação que tenha por objeto a emissão de declaração de vontade, a sentença que julgar procedente o pedido, uma vez transitada em julgado, produzirá todos os efeitos da declaração não emitida". A sentença, nesse caso, tem como pressuposto a fungibilidade jurídica da atividade a ser exercida pelo devedor, pois não pode o juiz sub-rogar-se ao devedor nas prestações infungíveis.

Capítulo III

DAS OBRIGAÇÕES DE NÃO FAZER

A obrigação de não fazer, ou negativa, impõe ao devedor um dever de abstenção: o de não praticar o ato que poderia livremente fazer, se não se houvesse obrigado. O adquirente que se obriga a não construir, no terreno adquirido, prédio além de certa altura, ou a cabeleireira alienante que se obriga a não abrir outro salão de beleza no mesmo bairro, por exemplo, devem cumprir o prometido. Se praticarem o ato que se obrigaram a não praticar, tornar-se-ão inadimplentes, podendo o credor exigir, com base no art. 251 do Código Civil, o desfazimento do que foi realizado, "sob pena de se desfazer à sua custa, ressarcindo o culpado perdas e danos".

Assim, ou o devedor desfaz pessoalmente o ato (respondendo também por perdas e danos), ou poderá vê-lo desfeito por terceiro, por determinação judicial, pagando ainda perdas e danos. Em ambas as hipóteses sujeita-se ao pagamento de perdas e danos, como consequência do inadimplemento. Nada impede que o credor peça somente o pagamento destas. Há casos em que somente lhe resta esse caminho, como na hipótese de alguém divulgar um segredo industrial que prometera não revelar. Feita a divulgação, não há como pretender a restituição das partes ao *statu quo ante*.

Tal como ocorre nas obrigações de fazer, "extingue-se a obrigação de não fazer, desde que, sem culpa do devedor, se lhe torne impossível abster-se do ato, que se obrigou a não praticar" (CC, art. 250). Assim, por exemplo, não pode deixar de atender à determinação da autoridade competente, para construir muro ao redor de sua residência, o devedor que prometera manter cercas vivas, assim como será obrigado a fechar a passagem existente em sua propriedade, por ordem de autoridade, aquele que prometera não obstar seu uso por terceiros.

Preceitua o parágrafo único do art. 251 no novel diploma civil que, "em caso de urgência", poderá o credor desfazer ou mandar desfazer o ato, "independentemente de autorização judicial, sem prejuízo do ressarcimento devido".

Os arts. 822 e 823 do Código de Processo Civil cuidam da execução das obrigações de não fazer. Prescreve o primeiro que, "se o executado praticou ato a cuja abstenção estava obrigado por lei ou por contrato, o exequente requererá ao juiz que assine prazo ao executado para desfazê-lo". Desse modo, o juiz mandará citar o devedor para desfazer o ato, no prazo que fixar. Se este não cumprir a obrigação, o juiz mandará desfazê-lo à sua custa, responsabilizando-o por perdas e danos (CPC, art. 823). Se não for possível desfazer o ato, ou quando o credor assim preferir, a obrigação de não fazer será convertida em perdas e danos (CPC, art. 823, parágrafo único).

Quadro sinótico – Das obrigações de dar, fazer e não fazer

1. Obrigação de dar	Obrigação de dar coisa certa	Conteúdo	É aquela em que o devedor se obriga a dar coisa individualizada, que se distingue por características próprias, móvel ou imóvel. Confere ao credor simples direito pessoal. Abrange os acessórios da coisa, salvo convenção em contrário (art. 233).
		Obrigação de entregar e de restituir	Cumpre-se a obrigação de dar coisa certa mediante entrega (como na compra e venda) ou restituição (como no comodato, p. ex.). Esses dois atos podem ser resumidos na palavra tradição. Enquanto esta não ocorrer, a coisa continuará pertencendo ao devedor, "com os seus melhoramentos e acrescidos" (art. 237).
		Consequências da perda ou deterioração da coisa	(*V.* arts. 234 a 236) Perecimento: significa perda total. Deterioração: significa perda parcial.

1. Obrigação de dar	Obrigação de dar coisa incerta	Conceito	É aquela cujo objeto é indicado pelo gênero e pela quantidade, faltando apenas determinar a qualidade (art. 243). Não haverá obrigação se faltar também qualquer daquelas especificações.
		Regulamentação	CC, arts. 243 a 246. CPC, arts. 1.002 e 1.003.
2. Obrigação de fazer	Espécies	a) Infungível, personalíssima ou "*intuitu personae*": quando convencionado que o devedor cumpra pessoalmente a prestação, ou a própria natureza desta impedir a sua substituição. b) Fungível ou impessoal: é aquela em que a prestação pode ser cumprida por terceiro, uma vez que sua execução não depende de qualidades pessoais do devedor. c) Consistente em emitir declaração de vontade (pacto de *contrahendo*), como, p. ex., endossar certificado de propriedade do veículo alienado.	
	Consequências do inadimplemento	a) devido à impossibilidade da prestação	– sem culpa do devedor, resolve-se a obrigação (art. 248, 1ª parte); – com culpa do devedor, responderá este por perdas e danos (2ª parte).
		b) devido à recusa do devedor	– se a obrigação é infungível, o obrigado indenizará perdas e danos (art. 247); – se é fungível, será livre ao credor mandar executar o fato por terceiro, à custa do devedor, sem prejuízo da indenização cabível (art. 249).
3. Obrigação de não fazer	Noção	A obrigação negativa impõe ao devedor um dever de abstenção: o de não praticar o ato que poderia livremente fazer, se não se houvesse obrigado.	
	Consequências do inadimplemento	Se o devedor praticar o ato que se obrigara a não praticar, pode o credor exigir o desfazimento do que foi realizado, "sob pena de se desfazer à sua custa, ressarcindo o culpado perdas e danos" (art. 251). Em caso de urgência, poderá o credor mandar desfazer o ato, "independentemente de autorização judicial, sem prejuízo do ressarcimento devido" (parágrafo único).	

Capítulo IV

DAS OBRIGAÇÕES ALTERNATIVAS

20 CONCEITO

Trata-se de obrigações compostas pela multiplicidade de objetos. Têm, assim, por conteúdo duas ou mais prestações, das quais uma somente será escolhida para pagamento ao credor e liberação do devedor. Distinguem-se das cumulativas ou conjuntivas, em que também há uma pluralidade de prestações, mas todas devem ser solvidas, sem exclusão de qualquer delas, sob pena de se haver por não cumprida.

Diferem, igualmente, das obrigações de dar coisa incerta, malgrado tenham um ponto comum, que é a escolha, em ambas necessária. Nas alternativas, há vários objetos, devendo a escolha recair em apenas um deles; nas de dar coisa incerta, o objeto é um só, apenas indeterminado quanto à qualidade. Nas primeiras, a escolha recai sobre um dos objetos *in obligatione*, enquanto nas últimas, sobre a qualidade do único objeto existente.

21 DIREITO DE ESCOLHA

O direito pátrio, seguindo a tradição romana, conferiu o direito de escolha ao devedor, "se outra coisa não se estipulou" (CC, art. 252). Portanto, para que a escolha caiba ao credor é necessário que o contrato assim o determine expressamente, embora não se exijam palavras sacramentais.

Pode, ainda, a opção ser deferida a terceiro, de comum acordo. Se este não puder ou não quiser aceitar a incumbência, "caberá ao juiz a escolha se não houver acordo entre as partes" (CC, art. 252, § 4º).

Cientificada a escolha, dá-se a concentração, ficando determinado, de modo definitivo, sem possibilidade de retratação unilateral, o objeto da obrigação. As prestações *in obligatione* reduzem-se a uma só, e a obrigação torna-se simples. Segundo dispõe o § 1º do art. 252 citado, não pode o devedor obrigar o credor a receber parte em uma prestação e parte em outra, pois deve uma ou outra. Se se obriga a entregar duas sacas de café ou duas sacas de arroz, por exemplo, não poderá compelir seu credor a receber uma saca de café e uma de arroz. Todavia, quando a obrigação for de prestações periódicas, "a faculdade de opção poderá ser exercida em cada período" (art. 252, § 2º). Poderá, assim, em um deles, entregar somente sacas de café, e no outro somente sacas de arroz, e assim sucessivamente. Também nessa hipótese não poderá dividir o objeto da prestação.

O contrato deve estabelecer prazo para a opção. Se não o fizer, o devedor será notificado, para efeito de sua constituição em mora. Esta não o priva, entretanto, do direito de escolha, salvo se a convenção dispuser que passa ao credor. Quando a eleição compete a este, e o contrato não fixa o prazo, será ele citado para, em cinco dias, exercer o direito, ou aceitar que o devedor faça a escolha (CPC, art. 543), depositando-se a coisa. A execução de título que consagra obrigação alternativa rege-se pelo art. 800 do estatuto processual civil. No caso de pluralidade de optantes, não havendo acordo unânime entre eles, "decidirá o juiz, findo o prazo por este assinado para a deliberação" (CC, art. 252, § 3º).

22 IMPOSSIBILIDADE DAS PRESTAÇÕES

Se uma das duas prestações não puder ser objeto de obrigação ou ser tornada inexequível, "subsistirá o débito quanto à outra" (CC, art. 253). Trata-se de impossibilidade material, decorrente, por exemplo, do fato de não mais se fabricar uma das coisas que o devedor se obrigou a entregar.

Se a impossibilidade é jurídica, por ilícito um dos objetos (praticar um crime, p. ex.), toda a obrigação fica contaminada de nulidade, sendo inexigíveis ambas as prestações. Se uma delas, desde o momento da celebração da avença, não puder ser cumprida em razão de impossibilidade física, será alternativa apenas na aparência, constituindo, na verdade, uma obrigação simples.

Quando a impossibilidade de uma das prestações é superveniente e inexiste culpa do devedor, dá-se a concentração da dívida na outra, ou nas outras. Assim, por exemplo, se alguém se obriga a entregar um veículo ou um animal, e este último vem a morrer depois de atingido por um raio, concentra-se o débito no veículo. Mesmo que o perecimento decorra de culpa do devedor, competindo a ele a escolha, poderá concentrá-la na prestação remanescente.

Se a impossibilidade for de todas as prestações, sem culpa do devedor, "extinguir-se-á a obrigação", por falta de objeto, sem ônus para este (CC, art. 256). Se houver culpa de sua parte, cabendo-lhe a escolha, ficará obrigado "a pagar o valor da que por último se impossibilitou, mais as perdas e danos que o caso determinar" (CC, art. 254). Isso porque, com o perecimento do primeiro objeto, concentrou-se o débito no que por último pereceu.

Mas, se a escolha couber ao credor, pode este exigir o valor de qualquer das prestações (e não somente da que por último pereceu, pois a escolha é sua), além das perdas e danos. Se somente uma das prestações se tornar impossível por culpa do devedor, o credor terá direito de exigir ou a prestação subsistente ou o valor da outra, com perdas e danos (CC, art. 255). Nesse caso, o credor não é obrigado a ficar com o objeto remanescente, pois a escolha era sua. Pode dizer que pretendia escolher justamente o que pereceu, optando por exigir seu valor, mais as perdas e danos. No exemplo *supra*, pode alegar, por exemplo, que não tem onde guardar o animal, se este for o remanescente, e exigir o valor do veículo que pereceu, mais perdas e danos.

Os doutrinadores mencionam uma espécie *sui generis* de obrigação alternativa, a que denominam *facultativa* ou *com faculdade alternativa*. Trata-se de obrigação simples, em que é devida uma única prestação, ficando, porém, facultado ao devedor, e só a ele, exonerar-se mediante o cumprimento de prestação diversa e predeterminada. É obrigação com faculdade de substituição. O credor só pode exigir a prestação obrigatória, que se encontra *in obligatione*. Como o dever de prestar tem por objeto prestação determinada, o credor *nunca poderá exigir* a prestação posta em alternativa. Mas terá de aceitá-la, se o devedor optar por ela no momento do cumprimento, sob pena de incorrer em mora.

Inúmeras são as situações em que se pode estabelecer, contratualmente, a faculdade alternativa. Pode ser lembrada, como exemplo, a do vendedor, que se obriga a entregar determinado objeto (um veículo, um animal, p. ex.), ficando-lhe facultado substituí-lo por prestação do equivalente em dinheiro.

Quadro sinótico – Obrigações alternativas

1. Conceito	A obrigação alternativa é composta pela multiplicidade de objetos. Tem por conteúdo duas ou mais prestações, das quais somente uma será escolhida para pagamento ao credor e liberação do devedor. Os objetos são ligados pela disjuntiva "ou". Difere da cumulativa, em que também há uma pluralidade de prestações, mas todas devem ser solvidas.
2. Direito de escolha	O direito de escolha caberá ao devedor, "se outra coisa não se estipulou" (art. 252). Pode ainda a opção ser deferida a terceiro, de comum acordo. Se este não aceitar a incumbência, "caberá ao juiz a escolha se não houver acordo entre as partes" (art. 252, § 4º).
3. Consequência do inadimplemento	CC, arts. 253, 254, 255 e 256.
4. Obrigação facultativa	Trata-se de obrigação simples, em que é devida uma única prestação. Fica, porém, facultado ao devedor, e só a ele, exonerar-se mediante o cumprimento de prestação diversa e predeterminada.

Capítulo V

DAS OBRIGAÇÕES DIVISÍVEIS E INDIVISÍVEIS

23 CONCEITO

As obrigações divisíveis e indivisíveis são compostas pela multiplicidade de sujeitos. Tal classificação só oferece interesse jurídico havendo pluralidade de credores ou de devedores, pois havendo um único devedor obrigado a um só credor a obrigação é indivisível, ou seja, a prestação deverá ser cumprida por inteiro, seja divisível ou indivisível o seu objeto.

Obrigações divisíveis são aquelas cujo objeto pode ser dividido entre os sujeitos – o que não ocorre com as indivisíveis. Para alguns, a divisibilidade ou indivisibilidade das obrigações repousa na divisibilidade ou indivisibilidade da própria prestação, e não da coisa, objeto desta. Parece-nos, no entanto, que a divisibilidade ou indivisibilidade da prestação confunde-se com a de seu objeto, sendo lícito afirmar que a obrigação é divisível quando é possível ao devedor executá-la por partes; indivisível, no caso contrário. Nesse sentido, proclama o art. 258 do atual Código Civil que "a obrigação é indivisível quando a prestação tem por objeto uma coisa ou um fato não suscetíveis de divisão, por sua natureza, por motivo de ordem econômica, ou dada a razão determinante do negócio jurídico". Assim, se dois devedores prometem entregar duas sacas de café, a obrigação é divisível, devendo cada qual uma saca. Se, no entanto, o objeto for um cavalo ou um relógio, a obrigação será indivisível, pois não podem fracioná-los.

Dispõe o art. 87 do Código Civil que "bens divisíveis são os que se podem fracionar sem alteração na sua substância, diminuição considerável de valor, ou prejuízo do uso a que se destinam". Partindo-se um relógio em duas partes, cada uma delas não marcará as horas. O mesmo não acontece se for dividida, por exemplo, uma saca de milho entre dois indivíduos. Após a divisão, o objeto dividido continua a existir em sua essência. O atual diploma introduziu, na indivisibilidade dos bens, o critério da diminuição considerável do valor, que pode ocorrer, por exemplo, na hipótese de dez pessoas herdarem um brilhante de cinquenta quilates, que, sem dúvida, vale muito mais do que dez brilhantes de cinco quilates.

A indivisibilidade decorre, em geral, da natureza das coisas (indivisibilidade natural), mas os bens naturalmente divisíveis podem tornar-se indivisíveis por determinação da lei, como ocorre com as servidões prediais, consideradas indivisíveis pelo art. 1.386 do Código Civil, ou por vontade das partes (indivisibilidade intelectual). Admite-se, ainda, a indivisibilidade judicial, que ocorre, por exemplo, na obrigação de indenizar, nos acidentes do trabalho cuja indenização deve ser paga por inteiro à mãe, embora o pai não a pleiteie.

24 DIVISIBILIDADE E INDIVISIBILIDADE NAS OBRIGAÇÕES DE DAR, FAZER E NÃO FAZER

A obrigação de dar será divisível ou indivisível, dependendo da natureza do objeto. Se este for divisível (entregar dez sacas de café a dois credores, sendo cinco para cada um, p. ex.), a obrigação também o será. Se, no entanto, a coisa a ser entregue for um animal, será ela indivisível.

Assim ocorre, também, com a obrigação de fazer, que algumas vezes pode dividir-se, e outras não. A de fazer uma estátua é indivisível. Mas será divisível se o escultor for contratado para fazer dez estátuas, realizando uma a cada dez dias. Mas as obrigações negativas, de não fazer, em geral são indivisíveis. Se alguém, por exemplo, obrigar-se a não construir além de certa altura, bastará que inicie a construção além da altura convencionada para que se torne inadimplente. Poderá, no entanto, ser divisível, se o devedor obrigou-se a não praticar determinados atos, completamente independentes, como não vender e não alugar.

25 EFEITOS DA DIVISIBILIDADE E DA INDIVISIBILIDADE

Se a obrigação é divisível, presume-se esta dividida em tantas obrigações, iguais e distintas, quantos os credores, ou devedores (CC, art. 257). Cada devedor só deve a sua quota-parte. A insolvência de um não aumentará a quota dos demais. Havendo vários credores e um só devedor, cada credor receberá somente a sua parte. Assim, se alguém se obriga a entregar duas sacas de café a dois credores, cada credor receberá uma saca.

Quando a obrigação, porém, é indivisível (entregar um animal, p. ex.), e há pluralidade de devedores, "cada um será obrigado pela dívida toda" (CC, art. 259). Mas somente porque o objeto não pode ser dividido, sob pena de perecer. Por isso, o que paga a dívida "sub-roga-se no direito do credor em relação aos outros coobrigados" (parágrafo único), dispondo de ação regressiva para cobrar a quota-parte de cada um destes.

Se a pluralidade for dos credores, "poderá cada um destes exigir a dívida inteira; mas o devedor ou devedores se desobrigarão, pagando: I – a todos conjuntamente; II – a um, dando este caução de ratificação dos outros credores" (CC, art. 260). Se um só dos credores receber a prestação por inteiro, "a cada um dos outros assistirá o direito de exigir dele em dinheiro a parte que lhe caiba no total" (CC, art. 261). Desse modo, se um só dos credores receber sozinho o objeto da prestação (um animal, p. ex.), poderá cada um dos demais exigir dele a parte que lhe competir, na coisa recebida, em dinheiro.

Se um dos credores remitir (perdoar) a dívida, não ocorrerá a extinção da obrigação com relação aos demais credores. Estes, entretanto, não poderão exigir o objeto da prestação se não pagarem a vantagem obtida pelos devedores, ou seja, o valor da quota do credor que a perdoou. Assim, se o animal vale R$ 30.000,00 e três são os credores, a quota do credor remitente é de R$ 10.000,00. Os outros dois somente poderão exigir a entrega daquele se pagarem R$ 10.000,00 ao devedor. Dispõe, com efeito, o art. 262 do Código Civil que, "Se um dos credores remitir a dívida, a obrigação não ficará extinta para com os outros; mas estes só a poderão exigir, descontada a quota do credor remitente".

É criticado o emprego da expressão "descontada a quota do credor remitente", por ser impossível o desconto no caso de prestação de coisa indivisível. O correto seria dizer: "reembolsando o devedor pela quota do credor remitente". Aduz o parágrafo único do aludido dispositivo que "o mesmo critério se observará no caso de transação, novação, compensação ou confusão".

Perde a qualidade de indivisível a obrigação que se resolver em perdas e danos, em caso de perecimento com culpa do devedor (CC, art. 263). No lugar do objeto desaparecido o devedor entregará seu equivalente em dinheiro, mais perdas e danos (estas também em dinheiro). O objeto, transformado em dinheiro, pode agora ser dividido. Se houver culpa de todos os devedores, responderão todos por partes iguais (§ 1º). Como a culpa é meramente pessoal, se for de um só, somente ele ficará responsável pelo pagamento das perdas e danos, ficando exonerados dessa responsabilidade os demais, não culpados, que responderão, no entanto, pelo pagamento de suas quotas (§ 2º).

Capítulo VI

DAS OBRIGAÇÕES SOLIDÁRIAS

26 CONCEITO

Nas obrigações solidárias, havendo vários devedores, cada um responde pela dívida inteira, como se fosse o único devedor. O credor pode escolher qualquer deles e compeli-lo a solver a dívida toda. Se a pluralidade for de credores, pode qualquer deles exigir a prestação integral, como se fosse único credor. Preceitua, com efeito, o art. 264 do Código Civil: "Há solidariedade, quando na mesma obrigação concorre mais de um credor, ou mais de um devedor, cada um com direito, ou obrigado, à dívida toda". No mesmo dispositivo conceituam-se as duas espécies de solidariedade: a ativa e a passiva.

A solidariedade não se presume; resulta da lei ou da vontade das partes (CC, art. 265). O art. 942, parágrafo único, do Código Civil, por exemplo, considera solidariamente responsáveis com os autores do dano os pais, tutores, curadores, empregadores etc. É por essa razão que a vítima pode escolher o patrão para cobrar somente dele o ressarcimento total do dano causado por seu empregado.

Se no contrato em que José e João, por exemplo, obrigaram-se a entregar duas sacas de café a outrem (obrigação divisível) incluir-se cláusula estabelecendo a solidariedade passiva, o credor pode cobrar de um deles as duas sacas. Como a solidariedade deve resultar da lei ou do contrato, a obrigação não será solidária se tal qualidade não for expressamente estabelecida, mas divisível ou indivisível, dependendo da natureza do objeto.

Pode-se dizer que somente a solidariedade passiva resulta da lei ou da vontade das partes. A ativa resulta praticamente só desta última fonte, pois nosso ordenamento prevê um único caso de solidariedade ativa *ex lege*, no art. 12 da Lei n. 209, de 2 de janeiro de 1948, que dispõe sobre a forma de pagamento dos débitos dos pecuaristas.

Havendo pluralidade de credores ou devedores solidários, uns podem obrigar-se pura e simplesmente, e outros, sob condição ou a termo. O lugar e o tempo do pagamento podem ser iguais ou diferentes para todos os interessados (CC, art. 266). Também a causa pode ser diferente para os diversos coobrigados.

27 CARACTERÍSTICAS

As obrigações solidárias apresentam as seguintes características: a) pluralidade de credores, ou de devedores, ou de uns e de outros; b) integralidade da prestação; c) corresponsabilidade dos interessados.

Quanto à primeira, verifica-se que a solidariedade pode ser ativa, passiva ou recíproca, também chamada de mista, em que há simultaneidade de credores e de devedores. No tocante à integralidade da prestação, já foi dito que qualquer devedor responde pela dívida toda e qualquer credor pode exigi-la integralmente. Satisfeita a obrigação devida, liberam-se todos os codevedores perante o credor. Mas o que solve pode reaver dos demais as quotas de cada um (corresponsabilidade). Da mesma forma, o credor que recebe sozinho o pagamento fica obrigado perante os demais, aos quais deve prestar contas, pelas quotas de cada um.

A solidariedade pode advir de ato separado e posterior, desde que faça referência à obrigação originária. Nos títulos de crédito origina-se, em regra, de atos distintos e autônomos, como o aceite, o aval e o endosso.

28 DIFERENÇAS ENTRE SOLIDARIEDADE E INDIVISIBILIDADE

A solidariedade assemelha-se à indivisibilidade por um único aspecto: em ambos os casos, o credor pode exigir de um só dos devedores o pagamento da totalidade do objeto devido. Diferem, no entanto, por várias razões. Primeiramente, porque cada devedor solidário pode ser compelido a pagar, sozinho, a dívida inteira, por ser devedor do todo. Assim, o avalista escolhido pelo credor para responder pela execução pode ser condenado a pagar a dívida inteira, mesmo havendo um devedor principal e outros avalistas. Esta é a principal característica da solidariedade.

Nas obrigações indivisíveis, contudo, o codevedor só deve a sua quota-parte. Pode ser compelido ao pagamento da totalidade do objeto somente porque é impossível fracioná-lo. Assim, o codevedor do animal, embora deva apenas a sua quota, pode ser obrigado a responder, sozinho, por sua entrega, se escolhido pelo credor, somente em razão da indivisibilidade do objeto da prestação, sub-rogando-se no direito deste.

Por outro lado, perde a qualidade de indivisível a obrigação que se resolver em perdas e danos (CC, art. 263). Se o animal for substituído pelo equivalente em dinheiro, além das perdas e danos, também em dinheiro, a obrigação perderá sua qualidade de indivisível, fazendo-se o rateio entre as partes.

Na solidariedade, entretanto, tal não ocorre. Mesmo que a obrigação venha a se converter em perdas e danos, continuará indivisível seu objeto no sentido de que não se dividirá entre todos os devedores, ou todos os credores. Cada devedor continuará responsável pelo pagamento integral do equivalente em dinheiro do objeto perecido; e o culpado, pela solução das perdas e danos. Assim, se no contrato constar que a obrigação assumida por dois devedores, de entregar um animal, é solidária, mesmo que este venha a perecer por culpa de algum deles, ou de ambos, subsistirá a solidariedade, podendo qualquer deles ser compelido a pagar, sozinho, o equivalente em dinheiro do animal. Mas as perdas e danos serão pagas somente pelo culpado (CC, art. 263, § 2º).

29 SOLIDARIEDADE ATIVA

A solidariedade pode ser ativa ou passiva. Na primeira, concorrem dois ou mais credores, podendo qualquer deles receber integralmente a prestação devida (CC, art. 267). O devedor libera-se pagando a qualquer dos credores, que, por sua vez, pagará aos demais a quota de cada um.

É muito raro, hoje, encontrar um caso de solidariedade ativa no mundo dos negócios, por oferecer alguns inconvenientes: o credor que recebe pode tornar-se insolvente; pode, ainda, não pagar aos consortes as quotas de cada um. Na conta bancária conjunta encontramos um exemplo dessa espécie, por permitir que cada correntista saque todo o dinheiro depositado.

Nossa lei não prevê casos de solidariedade ativa, salvo a hipótese cogitada na Lei n. 209, de 2 de janeiro de 1948, art. 12, que dispõe sobre a forma de pagamento dos débitos dos pecuaristas. Os poucos que existem decorrem de convenção das partes. Tem sido utilizado, com vantagem, o sistema de outorga de mandato entre os credores conjuntos, porque pode a todo tempo ser revogado.

Enquanto algum dos credores solidários não demandar o devedor comum, a qualquer daqueles poderá este pagar (CC, art. 268). Cessa esse direito, porém, se um deles já ingressou em juízo com ação de cobrança, pois só a ele o pagamento deve ser efetuado. O pagamento feito a um dos credores solidários extingue a dívida até o montante do que foi pago (CC, art. 269). Se, também, um dos credores nova, compensa, remite ou transige, com isso exonera o devedor do pagamento aos demais sujeitos ativos.

Vindo a falecer um dos credores solidários, deixando herdeiros, cada um destes só terá direito a exigir e receber a quota do crédito que corresponder ao seu quinhão hereditário, salvo se a obrigação for indivisível (CC, art. 270). Os herdeiros do credor falecido não podem, assim, exigir a totalidade do crédito, mas apenas a própria quota no crédito solidário de que o falecido era titular, juntamente com outros credores. Mas, se este deixou um único herdeiro, ou se todos os herdeiros agirem conjuntamente, ou se indivisível a prestação, pode ser reclamada a prestação por inteiro.

Convertendo-se a prestação em perdas e danos, subsiste, para todos os efeitos, a solidariedade (CC, art. 271). Fixado o seu valor, cada credor continua com direito a exigir a sua totalidade. O credor que tiver remitido a dívida, ou recebido o pagamento, responderá aos outros pela parte que lhes caiba (CC, art. 272), podendo ser convencido em ação regressiva por estes movida.

30 SOLIDARIEDADE PASSIVA

A solidariedade não se presume. A passiva decorre da lei ou da vontade das partes (CC, art. 265). O credor tem direito a exigir e receber "de um ou de alguns dos devedores, parcial ou totalmente, a dívida comum; se o pagamento tiver sido parcial, todos os demais devedores continuam obrigados solidariamente pelo resto". Embora o art. 275 do Código Civil use a expressão "receber de um ou de alguns dos devedores...", pode o credor exigi-la de todos os devedores, sendo esta uma característica da solidariedade passiva. Ademais, dispõe o parágrafo único desse dispositivo que "não importará renúncia da solidariedade a propositura de ação pelo credor contra um ou alguns dos devedores". Desse modo, o credor, propondo ação contra um dos devedores, não fica inibido de acionar os outros.

O pagamento total extingue não só a solidariedade como a própria obrigação. O parcial extingue em parte a obrigação e mantém a solidariedade no tocante ao remanescente.

Reza o art. 283 do Código Civil: "O devedor que satisfez a dívida por inteiro tem direito a exigir de cada um dos codevedores a sua quota, dividindo-se igualmente por todos a do insolvente, se o houver, presumindo-se iguais, no débito, as partes de todos os codevedores". Se um avalista paga toda a dívida, tem ação regressiva contra os outros avalistas, para receber a quota de cada um. Sendo três os avalistas, cada um, no final, terá pago um terço do total devido pelo emitente do título. Se um deles for insolvente, a quota deste reparte-se entre os demais, aumentando, assim, a quota dos solventes. Assim, o avalista que pagou sozinho o débito poderá, no exemplo *supra*, cobrar do avalista solvente a quota deste (1/3), mais a metade da pertencente ao insolvente. Participam do rateio da quota do devedor insolvente entre os codevedores também os exonerados da solidariedade pelo credor (art. 284).

Se a dívida solidária interessar exclusivamente a um dos devedores, ou seja, ao emitente de nota promissória, por exemplo, responderá este por toda ela para com aquele que pagar (CC, art. 285). Se um dos avalistas saldá-la sozinho, terá ação regressiva contra o referido emitente, podendo dele cobrar todo o valor pago. Mas dos coavalistas só poderá cobrar a quota de cada um, segundo dispõe o aludido art. 283.

Qualquer alteração posterior do contrato, estipulada entre um dos devedores solidários e o credor, que venha a agravar a situação dos demais, só terá validade se for efetivada com a concordância destes (CC, art. 278). Dispõe o art. 281, por sua vez, que o devedor demandado pode opor ao credor as exceções (defesas) que lhe forem pessoais (como vício de consentimento, incapacidade etc.) e as comuns a todos (p. ex., ilicitude do objeto). Não lhe aproveitam, porém, as pessoais a outro codevedor (a coação, p. ex.).

Se a prestação se tornar impossível, pelo perecimento do objeto, por exemplo, sem culpa dos devedores, extinguir-se-á a obrigação. Havendo culpa destes, todos responderão pelo equivalente em dinheiro da coisa, mais perdas e danos. Se a culpa for de um dos devedores solidários, "subsiste para todos o encargo de pagar o equivalente; mas pelas perdas e danos só responde o culpado" (CC, art. 279), pois a culpa é sempre pessoal.

Se morrer um dos devedores solidários, deixando herdeiros, nenhum destes será obrigado a pagar senão a quota que corresponder ao seu quinhão hereditário, salvo se a obrigação for indivisível, caso em que responderá por toda ela, porque nessa hipótese o objeto não poderá fracionar-se. Mas todos os herdeiros, em conjunto, serão considerados como um devedor solidário em relação aos demais devedores (CC, art. 276).

Por fim, o art. 282 permite ao credor, sem abrir mão de seu crédito, "renunciar à solidariedade em favor de um, de alguns ou de todos os devedores". Se a renúncia for total, cada devedor passa a responder somente por sua quota. Se parcial, ocorrerá a divisão da obrigação em duas partes: uma pela qual responde o devedor favorecido; e a outra pela qual respondem os demais, que continuam solidários (cf. parágrafo único).

Quadro sinótico – Obrigações divisíveis, indivisíveis e solidárias

1. Obrigações divisíveis e indivisíveis	Conceito	Obrigações divisíveis são aquelas cujo objeto pode ser dividido entre os sujeitos – o que não ocorre com as indivisíveis (art. 258). A indivisibilidade decorre da natureza das coisas, de determinação legal ou por vontade das partes (art. 88).

1. Obrigações divisíveis e indivisíveis	Efeitos	a) Há presunção, no caso da obrigação divisível, de que está repartida em tantas obrigações, iguais e distintas, quantos os credores ou devedores (art. 257). b) Cada devedor se libera pagando sua quota, e cada credor nada mais poderá exigir, recebida a sua parte na prestação. c) Quando a obrigação é indivisível, e há pluralidade de devedores, "cada um será obrigado pela dívida toda" (art. 259), somente porque o objeto não pode ser dividido. d) Se a pluralidade for de credores, "poderá cada um destes exigir a dívida inteira; mas o devedor ou devedores se desobrigarão, pagando: I – a todos conjuntamente; II – a um, dando este caução de ratificação dos outros credores" (art. 260). e) Se um dos credores remitir (perdoar) a dívida, não ocorrerá a extinção da obrigação com relação aos demais credores. f) Perde a qualidade de indivisível a obrigação que se resolver em perdas e danos, em caso de perecimento com culpa do devedor (art. 263).
2. Obrigações solidárias	Conceito	Obrigação solidária é aquela em que, havendo vários devedores, cada um responde pela dívida inteira, como se fosse o único devedor. Se a pluralidade for de credores, pode qualquer deles exigir a prestação integral, como se fosse único credor (art. 264). A solidariedade não se presume; resulta da lei ou da vontade das partes (art. 265).
	Características	a) Pluralidade de credores, de devedores ou de uns e de outros. b) Integralidade da prestação. c) Corresponsabilidade dos interessados.
	Espécies	a) Obrigação solidária ativa, se vários forem os credores. b) Obrigação solidária passiva, se houver pluralidade de devedores. c) Obrigação solidária recíproca ou mista, se houver simultaneidade de credores e de devedores.

2. Obrigações solidárias	Diferenças entre solidariedade e indivisibilidade	a) Se cada devedor solidário pode ser compelido a pagar sozinho a dívida inteira, tal fato se dá por ser devedor do todo. Nas obrigações indivisíveis, contudo, o codevedor só deve a sua quota-parte. Se pode ser compelido ao pagamento da totalidade do objeto é porque não se pode fracioná-lo. b) Perde a qualidade de indivisível a obrigação que se resolver em perdas e danos (art. 263). Na solidariedade, entretanto, tal não ocorre, pois cada devedor continuará responsável pelo pagamento integral do equivalente em dinheiro do objeto perecido.
3. Solidariedade ativa	Conceito	Na solidariedade ativa concorrem dois ou mais credores, podendo qualquer deles receber integralmente a prestação devida (art. 267).
	Efeitos	a) O devedor libera-se pagando a qualquer dos credores, que, por sua vez, pagará aos demais a quota de cada um. b) Enquanto algum dos credores solidários não demandar o devedor comum, a qualquer deles poderá este pagar (art. 268). Cessa esse direito, porém, se um deles já ingressou em juízo com ação de cobrança, pois só a ele o pagamento pode ser efetuado. c) O pagamento feito a um dos credores solidários extingue a dívida até o montante do que foi pago (art. 269). d) Convertendo-se a prestação em perdas e danos, subsiste, para todos os efeitos, a solidariedade (art. 271). e) O credor que tiver remitido a dívida, ou recebido o pagamento, responderá aos outros pela parte que lhes caiba (art. 272), podendo ser convencido em ação regressiva por estes movida.
4. Solidariedade passiva	Conceito	Solidariedade passiva é a relação obrigacional pela qual o credor tem direito a exigir e receber de um, de alguns ou de todos os devedores, parcial ou totalmente, a dívida comum (art. 275).

4. Solidariedade passiva	Efeitos	a) O devedor que satisfez a dívida por inteiro tem direito a exigir de cada um dos codevedores a sua quota, dividindo-se igualmente por todos a do insolvente, se houver, presumindo-se iguais, no débito, as partes de todos os codevedores (art. 283). b) Se a dívida solidária interessar exclusivamente a um dos devedores, ou seja, ao emitente de nota promissória, p. ex., responderá este por toda ela para com aquele que pagar (art. 285). c) Qualquer alteração posterior do contrato, estipulada entre um dos devedores solidários e o credor, que venha a agravar a situação dos demais, só terá validade se for efetivada com a concordância destes (art. 278). d) É permitido ao credor, sem abrir mão de seu crédito, "renunciar à solidariedade em favor de um, de alguns ou de todos os devedores" (art. 282).

Capítulo VII

OUTRAS MODALIDADES DE OBRIGAÇÕES

31 DAS OBRIGAÇÕES CIVIS E NATURAIS

Obrigação civil é a que encontra respaldo no direito positivo, podendo seu cumprimento ser exigido pelo credor, por meio de ação. Quando falta esse poder de garantia ou a responsabilidade do devedor, diz-se que a obrigação é natural ou imperfeita. Nessa modalidade não cabe o pedido de restituição da importância paga em razão da retenção do pagamento existente em favor do credor. A referida retenção é, segundo alguns autores, o único efeito que o direito positivo atribui à obrigação natural.

Os casos de obrigações naturais típicas no Código Civil são dois: *dívidas prescritas* (art. 882) e *dívidas de jogo* (art. 814), que são inexigíveis. Dispõe o art. 882 que "as dívidas de jogo ou de aposta não obrigam o pagamento; mas não se pode recobrar a quantia, que voluntariamente se pagou, salvo se foi ganha por dolo, ou se o perdente é menor ou interdito".

O principal efeito da obrigação natural consiste na validade de seu pagamento. Ao dizer que não se pode repetir o que se pagou para cumprir obrigação judicialmente inexigível, o citado art. 822 admite a validade de seu pagamento. E o faz porque a dívida existia, apenas não podia ser judicialmente exigida.

32 DAS OBRIGAÇÕES DE MEIO, DE RESULTADO E DE GARANTIA

Quanto ao fim a que se destina, a obrigação pode ser de meio, de resultado e de garantia. Diz-se que é de *meio* quando o devedor promete empregar seus conhecimentos, meios e técnicas para a obtenção de determinado resultado, sem no entanto responsabilizar-se por ele. É o caso, por exemplo, dos advogados, que não se obrigam a vencer a causa, mas a bem defender os interesses dos clientes. Tendo em vista que o advogado não se obriga a obter ganho de causa para o seu constituinte, fará ele jus aos honorários advocatícios, que representam a contraprestação de um serviço profissional, ainda que não obtenha êxito, se agir corretamente, com diligência normal na condução da causa.

Quando a obrigação é de *resultado*, o devedor dela se exonera somente quando o fim prometido é alcançado. Não o sendo, é considerado inadimplente, devendo responder pelos prejuízos decorrentes do insucesso.

Obrigação de *garantia* é a que visa a eliminar um risco que pesa sobre o credor, ou as suas consequências. Embora este não se verifique, o simples fato do devedor assumi-lo representará o adimplemento da prestação. Constituem exemplos dessa obrigação a do segurador e a do fiador.

33 DAS OBRIGAÇÕES CIVIS DE EXECUÇÃO INSTANTÂNEA, DIFERIDA E CONTINUADA

Quanto ao *momento em que devem ser cumpridas*, as obrigações classificam-se em: a) de execução instantânea ou momentânea, que se consuma num só ato, sendo cumprida imediatamente após sua constituição, como na compra e venda à vista; b) de execução diferida, cujo cumprimento deve ser realizado também em um só ato, mas em momento futuro (entrega em determinada data posterior, do objeto alienado, p. ex.); c) de execução continuada, periódica ou de trato sucessivo, que se cumpre por meio de atos reiterados, como sucede na prestação de serviços, na compra e venda a prazo ou em prestações periódicas etc.

A importância da distinção entre as três modalidades mencionadas se destaca no tocante à aplicação da chamada cláusula *rebus sic stantibus*, ou teoria da imprevisão, inspirada em razões de equidade e de justo equilíbrio entre os contratantes, tendo sua justificativa na radical mudança da situação econômica e no extremo de absoluta imprevisibilidade. O Código Civil consagra expressamente, no art. 478, essa teoria, que permite ao devedor, uma vez preenchidos os requisitos ali previstos (acontecimentos extraordinários e imprevisíveis, que tornem a prestação de uma das partes excessivamente onerosa), pedir a resolução da avença, "*nos contratos de execução continuada ou diferida*". Impossível seria a sua aplicação nas obrigações cuja execução se exaure num só momento, instantaneamente.

Prescreve o art. 323 do Código de Processo Civil que, quando a obrigação consistir em *prestações sucessivas*, considerar-se-ão elas incluídas no pedido, "independentemente de declaração expressa do autor".

34 DAS OBRIGAÇÕES PURAS E SIMPLES, CONDICIONAIS, A TERMO E MODAIS

A classificação tradicional do negócio jurídico divide-os em elementos essenciais, naturais e acidentais.

Elementos essenciais (*essentialia negotii*) são os estruturais, indispensáveis à existência do ato e que lhe formam a substância: a declaração de vontade nos negócios em geral: a coisa, o preço e o consentimento na compra e venda, por exemplo.

Elementos naturais (*naturalia negotii*) são as consequências ou efeitos que decorrem da própria natureza do negócio, sem necessidade de expressa menção. Assim, por exemplo, a responsabilidade do alienante pelos vícios redibitórios (CC, art. 441).

Elementos acidentais (*accidentalia negotii*) consistem em estipulações acessórias, que as partes podem facultativamente adicionar ao negócio, para modificar alguma das suas consequências naturais, como a condição, o termo e o encargo ou modo (CC, arts. 121, 131 e 136).

São três os elementos acidentais do negócio jurídico no direito brasileiro: a condição, o termo e o encargo ou modo. Quantos aos referidos elementos, as obrigações classificam-se em puras e simples, condicionais, a termo e modais ou com encargo.

Obrigações puras e simples são as não sujeitas a condição, termo ou encargo. São as que produzem efeitos imediatos, logo que contraídas, como sucede normalmente nos negócios *inter vivos* e pode ocorrer também nos negóçios *causa mortis*. Aberto e aprovado o testamento, por exemplo, opera-se imediatamente o efeito do ato, tornando-se o beneficiário proprietário perfeito do aludido bem.

Obrigações condicionais são aquelas cujo efeito está subordinado a um evento futuro e incerto. Dispõe o art. 121 do Código Civil: "Considera-se condição a cláusula que, derivando exclusivamente da vontade das partes, subordina o efeito do negócio jurídico a evento futuro e incerto".

Obrigação a termo (ou a prazo) é aquela em que as partes subordinam os efeitos do negócio jurídico a um evento futuro e certo. Termo é o dia em que começa ou se extingue a eficácia do negócio jurídico. Termo convencional é a cláusula contratual que subordina a eficácia do negócio a evento futuro e certo. Difere da condição, que a subordina a evento futuro e incerto.

Obrigação modal (com encargo ou onerosa) é a que se encontra onerada por cláusula acessória, que impõe um ônus ao beneficiário de determinada relação jurídica. Trata-se de pacto acessório às liberalidades (doações, testamentos), pelo qual se impõe um ônus ou obrigação ao beneficiário. É admissível, também, em declarações unilaterais da vontade, como na promessa de recompensa, e raramente nos contratos onerosos (pode ocorrer na compra e venda de um imóvel, com o ônus de franquear a passagem ou a utilização por terceiros, por ex.). Segundo dispõe o art. 136, primeira parte, do Código Civil, "o encargo não suspende a aquisição nem o exercício do direito".

35 DAS OBRIGAÇÕES LÍQUIDAS E ILÍQUIDAS

Considera-se líquida a obrigação certa, quanto à sua existência, e determinada, quanto ao seu objeto. Essa modalidade é expressa por uma cifra, por um algarismo, quando se trata de dívida em dinheiro. Mas pode também ter por objeto a entrega ou restituição de outro objeto certo, como, por exemplo, um veículo ou determinada quantidade de cereal.

A obrigação é ilíquida quando, ao contrário, o seu objeto depende de prévia apuração, pois o valor ou montante apresenta-se incerto. Deve ela converter-se em obrigação líquida, para que possa ser cumprida pelo devedor. Essa conversão se obtém em juízo pelo processo de liquidação, quando a sentença não fixar o valor da condenação ou não lhe individualizar o objeto (CPC, art. 783).

Importante efeito da distinção entre obrigações líquidas e ilíquidas se verifica no tocante à mora. Dispõe o art. 397 do Código Civil que "o inadimplemento da obrigação, positiva e líquida, no seu termo, constitui de pleno direito em mora o devedor".

36 DAS OBRIGAÇÕES PRINCIPAIS E ACESSÓRIAS

Reciprocamente consideradas, as obrigações dividem-se em principais e acessórias. As primeiras subsistem por si, sem depender de qualquer outra, como a de entregar a coisa, no contrato de compra e venda. As obrigações acessórias têm sua existência subordinada a outra relação jurídica, ou seja, dependem da obrigação principal. É o caso, por exemplo, da fiança, da cláusula penal, dos juros etc.

O princípio de que o acessório segue o destino, a condição jurídica do principal, foi acolhido pela nossa legislação. O art. 184, segunda parte, do Código Civil, por exemplo, preceitua que "a invalidade da obrigação principal implica a das obrigações acessórias, mas a destas não induz a da obrigação principal".

Quadro sinótico – Outras modalidades de obrigações

1. Obrigações civis e naturais	Obrigação civil é a que encontra respaldo no direito positivo, podendo seu cumprimento ser exigido pelo credor, por meio de ação. Quando falta esse poder de garantia, diz-se que a obrigação é natural ou imperfeita.
2. Obrigações de meio, de resultado e de garantia	A obrigação é de meio quando o devedor promete empregar seus conhecimentos para a obtenção de determinado resultado, sem no entanto responsabilizar-se por ele. Quando a obrigação é de resultado, o devedor dela se exonera somente quando o fim prometido é alcançado. Obrigação de garantia é a que visa a eliminar um risco que pesa sobre o credor, ou as suas consequências. Constituem exemplos dessa obrigação a do segurador e a do fiador.
3. Obrigações de execução instantânea, diferida e continuada	Obrigações de execução instantânea são as que se consumam num só ato, sendo cumpridas imediatamente após sua constituição; de execução diferida são as cujo cumprimento deve ser realizado também em um só ato, mas em momento futuro; de execução continuada, periódica ou de trato sucessivo são as que se cumprem por meio de atos reiterados.

4. Obrigações puras e simples, condicionais, a termo e modais	Obrigações puras e simples são as não sujeitas a condição, termo ou encargo. São as que produzem efeitos imediatos, logo que contraídas. Obrigações condicionais são aquelas cujo efeito está subordinado a um evento futuro e incerto. Obrigação a termo (ou a prazo) é aquela em que as partes subordinam os efeitos do negócio jurídico a um evento futuro e certo. Termo é o dia em que começa ou se extingue a eficácia do negócio jurídico. Obrigação modal (com encargo ou onerosa) é a que se encontra onerada por cláusula acessória, que impõe um ônus ao beneficiário de determinada relação jurídica.
5. Obrigações líquidas e ilíquidas	Considera-se líquida a obrigação certa, quanto à sua existência, e determinada, quanto ao seu objeto. Essa modalidade é expressa por uma cifra, por um algarismo, quando se trata de dívida em dinheiro. A obrigação é ilíquida quando, ao contrário, o seu objeto depende de prévia apuração, pois o valor ou montante apresenta-se incerto. Deve ela converter-se em obrigação líquida, para que possa ser cumprida pelo devedor.
6. Obrigações principais e acessórias	As obrigações principais subsistem por si, sem depender de qualquer outra, como a de entregar a coisa, no contrato de compra e venda. As obrigações acessórias têm sua existência subordinada a outra relação jurídica, ou seja, dependem da obrigação principal. É o caso, por exemplo, da fiança, da cláusula penal, dos juros etc.

Título II
DA TRANSMISSÃO DAS OBRIGAÇÕES

Capítulo I
DA CESSÃO DE CRÉDITO

37 CONCEITO

O crédito constitui bem de caráter patrimonial suscetível de transferência. Cessão de crédito é negócio jurídico bilateral, pelo qual o credor transfere a outrem seus direitos na relação obrigacional. Trata-se de um dos mais importantes instrumentos da vida econômica atual, especialmente na modalidade de desconto bancário, pelo qual o comerciante transfere seus créditos a uma instituição financeira.

O instituto em estudo pode configurar tanto alienação onerosa como gratuita, preponderando, no entanto, a primeira espécie. Pode caracterizar, também, dação em pagamento (*datio in solutum*), quando a transferência é feita em pagamento de uma dívida. A alienação onerosa assemelha-se a uma venda, desempenhando papel idêntico a esta. A cessão, contudo, tem por objeto bem incorpóreo (crédito), enquanto a compra e venda destina-se à alienação de bens corpóreos.

O credor que transfere seus direitos denomina-se cedente. O terceiro a quem são eles transmitidos, investindo-se na sua titularidade, é o cessionário. O terceiro personagem, o devedor ou cedido, não participa necessariamente da cessão, que pode ser realizada sem a sua anuência. Deve ser, entretanto, dela comunicado, para que possa solver a obrigação ao legítimo detentor do crédito.

Como a cessão importa alienação, o cedente há de ser pessoa capaz e legitimada a praticar atos de alienação. O pai, no exercício da administração dos bens dos filhos menores, não pode realizá-la sem prévia autorização do juiz (CC, art. 1.691). Para ser efetuada por mandato, deve o mandatário ter poderes especiais e expressos (CC, art. 661, § 1º). O tutor e o curador não podem constituir-se cessionários de créditos contra, respectivamente, o pupilo e o curatelado.

A cessão de crédito não se confunde com cessão de contrato, em que se procede à transmissão, ao cessionário, da inteira posição contratual do cedente. Como exemplo, pode ser mencionada a transferência a terceiro, feita pelo promitente comprador, de sua posição no compromisso de compra e venda de imóvel loteado, sem anuência do credor. Na hipótese, o cedente se libera das obrigações contratuais, que são transferidas ao cessionário, juntamente com os direitos relativos ao imóvel, especialmente a posse.

A cessão de crédito distingue-se, também, da novação subjetiva ativa, porque nesta, além da substituição do credor, ocorre a extinção da obrigação anterior, substituída por novo crédito. Naquela, porém, subsiste o crédito primitivo, que é transmitido ao cessionário, com todos os seus acessórios (CC, art. 287). Não se confunde, ainda, com a sub-rogação legal. O sub-rogado não pode exercer os direitos e ações do credor além dos limites de seu desembolso, não tendo, pois, caráter especulativo (CC, art. 350). A cessão de crédito, embora excepcionalmente possa ser gratuita, em geral encerra o propósito de lucro. A sub-rogação convencional, porém, na hipótese do art. 347, I, do Código Civil, será tratada como cessão de crédito (art. 348).

38 OBJETO

Em regra, todos os créditos podem ser objeto de cessão, constem de título ou não, vencidos ou por vencer, salvo se a isso se opuser "a natureza da obrigação, a lei, ou a convenção com o devedor" (CC, art. 286).

A cessão pode ser total ou parcial, e abrange todos os acessórios do crédito, como os juros e os direitos de garantia (CC, art. 287). Assim, por exemplo, se o pagamento da dívida é garantido por hipoteca, o cessionário torna-se credor hipotecário; se por penhor, o cedente é obrigado a entregar o objeto empenhado ao cessionário.

Há créditos que não podem, porém, como visto, ser cedidos. Pela sua natureza, não podem ser objeto de cessão relações jurídicas de caráter personalíssimo e as de direito de família (direito ao nome, a alimentos etc.). Por lei, não pode haver cessão do direito de preempção ou preferência (CC, art. 520), do benefício da justiça gratuita (Lei n. 1.060/50, art. 10), da indenização derivada de acidente no trabalho etc. Por convenção das partes pode ser, ainda, estabelecida a incessibilidade do crédito.

39 FORMAS

Em regra, a cessão convencional não exige forma especial para valer entre as partes, salvo se tiver por objeto direitos em que a escritura pública seja da substância do ato. Nesse caso, a cessão efetuar-se-á também por escritura pública. Nessa consonância, a escritura pública deverá ser utilizada na cessão de crédito hipotecário ou de direitos hereditários.

Para valer contra terceiros, entretanto, o art. 288 do Código Civil exige "instrumento público, ou instrumento particular revestido das solenidades do § 1º do art. 654". O instrumento particular deve conter, assim, a indicação do lugar onde foi passado, a qualificação do cedente e do cessionário, a data e o objetivo da cessão com a designação e a extensão dos direitos cedidos, e ser registrado no Cartório de Títulos e Documentos (CC, art. 221; Lei n. 6.015/73, art. 129, § 9º). Tais formalidades somente são exigidas para a cessão valer contra terceiros, sendo desnecessárias, porém, em relação ao devedor cedido. O cessionário de crédito hipotecário tem o direito de fazer averbar a cessão no registro do imóvel (CC, art. 289).

A cessão de títulos de crédito é feita mediante endosso. O posterior ao vencimento produz os mesmos efeitos do anterior (CC, art. 920). A aquisição de título à ordem, por meio diverso do endosso, tem efeito de cessão civil (CC, art. 919).

40 NOTIFICAÇÃO DO DEVEDOR

Dispõe o art. 290 do Código Civil que a "cessão do crédito não tem eficácia em relação ao devedor, senão quando a este notificada; mas por notificado se tem o devedor que, em escrito público ou particular, se declarou ciente da cessão feita".

Qualquer dos intervenientes, cessionário ou cedente, tem qualidade para efetuar a notificação, que pode ser judicial ou extrajudicial.

Mas o maior interessado é o cessionário, pois o devedor ficará desobrigado se, antes de ter conhecimento da cessão, pagar ao credor primitivo (CC, art. 292). Se não foi notificado, a cessão é inexistente para ele, e válido se tornará o pagamento feito ao cedente. Mas não se desobrigará se a este pagar depois de cientificado da cessão. Ficará desobrigado, também, no caso de lhe ter sido feita mais de uma notificação, se pagar ao cessionário que lhe apresentar o título comprobatório da obrigação. Se esta for solidária, devem ser notificados todos os codevedores.

Tem-se entendido que a citação inicial para a ação de cobrança equivale à notificação da cessão, assim como a habilitação de crédito na falência do devedor produz os mesmos efeitos de sua notificação. Alguns créditos dispensam a notificação, porque sua transmissão obedece a forma especial, como, por exemplo, os títulos ao portador, que se transferem por simples tradição manual (CC, art. 904).

O devedor pode opor ao cessionário as exceções que lhe competirem, bem como as que, no momento em que veio a ter conhecimento da cessão, tinha contra o cedente (CC, art. 294). Se o devedor, notificado da cessão, não opõe, nesse momento, as exceções pessoais que tiver contra o cedente, não poderá mais arguir contra o cessionário as exceções que eram cabíveis contra o primeiro, como pagamento da dívida, compensação etc. Mas, se dela não foi notificado, poderá opor ao cessionário as que tinha contra o cedente, antes da transferência. Já as exceções oponíveis diretamente contra o cessionário podem ser arguidas a todo tempo, tanto no momento da cessão como no de sua notificação, pois se apresenta ele ao devedor como um novo credor. E todo devedor tem a faculdade de opor qualquer exceção contra a pretensão de seu credor.

41 RESPONSABILIDADE DO CEDENTE

Preceitua o art. 295 do Código Civil que, "na cessão por título oneroso, o cedente, ainda que se não responsabilize, fica responsável ao cessionário pela existência do crédito ao tempo em que lhe cedeu; a mesma responsabilidade lhe cabe nas cessões por título gratuito, se tiver procedido de má-fé".

A responsabilidade imposta pela lei ao cedente não se refere à solvência do devedor. Por esta o cedente não responde, correndo os riscos por conta do cessionário, salvo estipulação em contrário (CC, art. 296). Se ficar convencionado expressamente que o cedente responde pela solvência do devedor, sua responsabilidade limitar-se-á ao que recebeu do cessionário, com os respectivos juros, mais as despesas da cessão e as efetuadas com a cobrança (art. 297). Assim, por exemplo, se o crédito era de R$ 20.000,00 e foi cedido por R$ 16.000,00, o cessionário só terá direito a esta última importância, com os referidos acréscimos, e não ao valor do crédito.

Na realidade, a responsabilidade imposta ao cedente pelo supratranscrito art. 295 diz respeito somente à existência do crédito ao tempo da cessão. Se o cedente transferiu onerosamente um título nulo ou inexistente, deverá ressarcir os prejuízos causados ao cessionário. Se a cessão tiver sido efetuada a título gratuito, o cedente só responde se tiver procedido de má-fé.

Quando a transferência do crédito se opera por força da lei, o credor originário não responde pela realidade da dívida, nem pela solvência do devedor. Nos casos de transferências impostas pela lei, não se pode exigir do cedente que responda por um efeito para o qual não concorreu.

Edita, ainda, o art. 298 do mesmo diploma que o crédito, "uma vez penhorado, não pode mais ser transferido pelo credor que tiver conhecimento da penhora; mas o devedor que o pagar, não tendo notificação dela, fica exonerado, subsistindo somente contra o credor os direitos de terceiro". O crédito, uma vez penhorado, deixa de fazer parte do patrimônio do devedor. Por isso, não poderá ser cedido, tornando-se indisponível.

Capítulo II

DA ASSUNÇÃO DE DÍVIDA

A assunção de dívida ou cessão de débito constitui novidade introduzida pelo Código Civil de 2002. Embora não regulada no diploma de 1916, nada impedia sua celebração, em face da autonomia da vontade e da liberdade contratual, desde que houvesse aceitação do credor. Trata-se de negócio jurídico pelo qual o devedor transfere a outrem sua posição na relação jurídica. Ocorre frequentemente na venda do fundo do comércio, em que o adquirente declara assumir o passivo, e na cessão de financiamento para aquisição da casa própria. Na adequada definição de Pontes de Miranda, é "o negócio jurídico bilateral pelo qual o novo devedor fica no lugar de quem o era" (*Tratado de direito privado*, Rio de Janeiro, Borsoi, v. 13, p. 257).

O Código Civil disciplina a assunção de dívida no título referente à "transmissão das obrigações", ao lado da cessão de crédito. Prescreve o art. 299 que "é facultado a terceiro assumir a obrigação do devedor, com o consentimento expresso do credor, ficando exonerado o devedor primitivo, salvo se aquele, ao tempo da assunção, era insolvente e o credor o ignorava". Requer, portanto, anuência expressa do credor, mas qualquer das partes pode assinar-lhe prazo para que consinta, "interpretando-se o seu silêncio como recusa" (art. 299, parágrafo único). Se acarretar a criação de obrigação nova e a extinção da anterior, caracterizar-se-á a novação subjetiva por substituição do devedor, e não simples cessão de débito. Todavia, esta pode ocorrer sem novação, ou seja, com a mudança do devedor e sem alteração na substância da relação obrigacional, como nos exemplos citados da cessão de financiamento para aquisição da casa própria e da alienação de fundo de comércio.

Com a assunção da dívida por terceiro, extinguem-se as garantias especiais originariamente dadas pelo devedor primitivo ao credor, salvo se expressamente assentir em sua manutenção (CC, art. 300). Anulada a substituição do devedor, restaura-se o débito, com todas as suas garantias, salvo as prestadas por terceiro, exceto se este conhecia o vício que maculava a obrigação (art. 301). O novo devedor não pode opor ao credor as exceções pessoais que competiam ao devedor primitivo (art. 302). O adquirente de imóvel hipotecado pode tomar a seu cargo o pagamento do crédito garantido. Na hipótese, entender-se-á concordado o credor se, notificado, não impugnar, em trinta dias, a transferência do débito (art. 303).

Quadro sinótico – Da transmissão das obrigações

1. Cessão de crédito	Conceito	Cessão de crédito é negócio jurídico bilateral, pelo qual o credor transfere a outrem seus direitos na relação obrigacional.
	Institutos afins	Não se confunde com cessão de contrato, em que se procede à transmissão, ao cessionário, da inteira posição contratual do cedente. Distingue-se também da novação subjetiva ativa, porque nesta, além da substituição do credor, ocorre a extinção da obrigação anterior, substituída por novo crédito. Não se confunde, ainda, com a sub-rogação legal. O sub-rogado não pode exercer os direitos e ações do credor além dos limites de seu desembolso, não tendo, pois, caráter especulativo (art. 350).
	Objeto	Em regra, todos os créditos podem ser objeto de cessão, constem de título ou não, vencidos ou por vencer, salvo se a isso se opuser "a natureza da obrigação, a lei, ou a convenção com o devedor" (art. 286).
	Formas	a) A cessão não exige forma especial, para valer entre as partes, salvo se tiver por objeto direitos em que a escritura pública seja da substância do ato. b) Para valer contra terceiros, o art. 288 do CC exige "instrumento público, ou instrumento particular revestido das solenidades do § 1º do art. 654". c) A cessão de títulos de crédito é feita mediante endosso.

1. Cessão de crédito	Notificação do devedor	A cessão de crédito não tem eficácia em relação ao devedor, senão quando a este notificada; mas por notificado se tem o devedor que, em escrito público ou particular, se declarou ciente da cessão feita (art. 290). O devedor ficará desobrigado se, antes de ter conhecimento da cessão, pagar ao credor primitivo (art. 292). Mas não se desobrigará se a este pagar depois de cientificado da cessão.
	Responsabilidade do cedente pela solvência do devedor	A responsabilidade imposta ao cedente pelo art. 295 diz respeito somente à existência do crédito ao tempo da cessão. Não se refere à solvência do devedor. Por esta o cedente não responde, salvo estipulação em contrário (art. 296). Se ficar convencionado que o cedente responde pela solvência do devedor, sua responsabilidade limitar-se-á ao que recebeu do cessionário, com os respectivos juros, mais as despesas da cessão e as efetuadas com a cobrança (art. 297).
2. Assunção de dívida	Conceito	Trata-se de negócio jurídico (também denominado cessão de débito) pelo qual o devedor transfere a outrem sua posição na relação jurídica (como na cessão de financiamento para aquisição da casa própria, p. ex.).
	Regulamentação	a) Produz o efeito de exonerar o devedor primitivo, salvo se o assuntor (o terceiro) era insolvente e o credor o ignorava (art. 299). b) Requer anuência expressa do credor, mas qualquer das partes pode assinar-lhe prazo para que consinta, "interpretando-se o seu silêncio como recusa" (art. 299, parágrafo único). c) O novo devedor não pode opor ao credor as exceções pessoais que competiam ao devedor primitivo (art. 302). d) O adquirente de imóvel hipotecado pode tomar a seu cargo o pagamento do crédito garantido. Na hipótese, entender-se-á concordado o credor se, notificado, não impugnar, em trinta dias, a transferência do débito (art. 303).

Título III
DO ADIMPLEMENTO E EXTINÇÃO DAS OBRIGAÇÕES

Capítulo I
DO PAGAMENTO

42 INTRODUÇÃO

O principal efeito das obrigações é gerar para o credor o direito de exigir do devedor o cumprimento da prestação, e para este o dever de prestar.

O presente título trata dos efeitos do adimplemento das obrigações, dispondo sobre os meios necessários e idôneos para que o credor possa obter o que lhe é devido, compelindo o devedor a cumprir a obrigação. Cumprida, esta se extingue. A extinção da obrigação é, portanto, o fim colimado pelo legislador.

43 NOÇÃO E ESPÉCIES DE PAGAMENTO

As obrigações têm, também, um ciclo vital: nascem de diversas fontes, como a lei, o contrato, as declarações unilaterais e os atos ilícitos; vivem e desenvolvem-se por meio de suas várias modalidades (dar, fazer, não fazer); e, finalmente, extinguem-se.

A extinção dá-se, em regra, pelo seu cumprimento, que o Código denomina pagamento. Embora essa palavra seja usada, comumente, para indicar a solução em dinheiro de alguma dívida, o legislador a empregou no sentido técnico-jurídico de execução de qualquer espécie de obrigação. Assim, paga a obrigação o escultor que entrega a estátua que lhe havia sido encomendada, bem como o pintor que realiza o trabalho solicitado pelo cliente. Pagamento significa, pois, cumprimento ou adimplemento da obrigação. Pode ser direto ou indireto. Entre os diversos meios indiretos encontram-se o pagamento por consignação, a novação, a compensação, a transação etc.

Além do meio normal, que é o pagamento, direto ou indireto, a obrigação pode extinguir-se também por meios anormais, isto é, sem pagamento, como no caso de impossibilidade de execução sem culpa do devedor, do advento do termo, da prescrição, da nulidade ou anulação etc. O pagamento, por sua vez, pode ser efetuado voluntariamente ou por meio de execução forçada, em razão de sentença judicial.

44 NATUREZA JURÍDICA E REQUISITOS DE VALIDADE

Embora para alguns o adimplemento da obrigação seja um fato jurídico, e para outros um ato não livre ou um ato devido, predomina o entendimento na doutrina de que o pagamento tem natureza contratual. Corresponde a um contrato, por também resultar de um acordo de vontades, estando sujeito a todas as suas normas.

Para que o pagamento produza seu principal efeito, que é o de extinguir a obrigação, devem estar presentes seus requisitos essenciais de validade, que são: a) a existência de um vínculo obrigacional; b) a intenção de solvê-lo (*animus solvendi*); c) o cumprimento da prestação; d) a pessoa que efetua o pagamento (*solvens*); e) a pessoa que o recebe (*accipiens*).

O pagamento pressupõe a existência de um vínculo obrigacional. Se este não existe, não há o que pagar, o que extinguir. Qualquer pagamento será, então, indevido, obrigando à restituição quem o recebeu. O *animus solvendi* também é necessário. Não basta, por exemplo, entregar certo numerário ao credor, com outra intenção que não a de solver a obrigação. O cumprimento da prestação deve ser feito pelo devedor (*solvens*), por seu sucessor ou por terceiro (CC, arts. 304 e 305). Feito por erro, dá ensejo à repetição do indébito. Exige-se, ainda, a presença do credor (*accipiens*), de seu sucessor ou de quem de direito os represente (CC, art. 308), pois o pagamento efetuado a quem não desfruta dessas qualidades é indevido e propicia o direito à repetição.

45 DE QUEM DEVE PAGAR

Preceitua o art. 304 do Código Civil que "qualquer interessado na extinção da dívida pode pagá-la, usando, se o credor se opuser, dos meios conducentes à exoneração do devedor".

Só se considera interessado quem tem interesse jurídico na extinção da dívida, isto é, quem está vinculado ao contrato, como o fiador, o avalista, o solidariamente obrigado, o herdeiro, o adquirente do imóvel hipotecado, o sublocatário etc., que podem ter seu patrimônio afetado caso não ocorra o pagamento.

O principal interessado na solução da dívida, a quem compete o dever de pagá-la, é o devedor. Mas os que se encontram em alguma das situações supramencionadas (fiador, sublocatário etc.) a ele são equiparados, pois têm legítimo interesse no cumprimento da obrigação. Assiste-lhes, pois, o direito de efetuar o pagamento, sub-rogando-se, *pleno jure*, nos do credor (CC, art. 346, III). A sub-rogação transfere-lhes todos os direitos, ações, privilégios e garantias do primitivo credor, em relação à dívida, contra o devedor principal e os fiadores (art. 349). A recusa do credor em receber o pagamento oferecido pelo devedor ou por qualquer outro interessado lhes dá o direito de promover a consignação.

Entretanto, não é somente o devedor, ou terceiro interessado, quem pode efetuar o pagamento. Podem fazê-lo, também, terceiros não interessados, que não têm interesse jurídico na solução da dívida, mas outra espécie de interesse, como o moral (caso do pai, que paga dívida do filho, pela qual não podia ser responsabilizado), o decorrente da amizade ou do relacionamento amoroso etc.

É o que proclama o parágrafo único do mencionado art. 304. Podem até mesmo consignar o pagamento, em caso de recusa do credor em receber, desde que, porém, o façam em nome e por conta do devedor, agindo assim como seu representante ou gestor de negócios. Trata-se de hipótese de legitimação extraordinária, prevista na parte final do art. 18 do Código de Processo Civil. Não podem consignar em seu próprio nome, por falta de legítimo interesse.

O terceiro não interessado, que paga a dívida em seu próprio nome, tem direito a reembolsar-se do que pagar; mas não se sub-roga nos direitos do credor (CC, art. 305). E, se efetuar o pagamento antes de vencida a dívida, só terá direito ao reembolso no vencimento (parágrafo único).

O pagamento de dívida que não é sua, efetuado em seu próprio nome, apesar de revelar o propósito de ajudar o devedor, demonstra também a intenção de obter o reembolso, por meio da ação de *in rem verso*, específica para os casos de enriquecimento sem causa. Entretanto, por não fazer parte da relação jurídica, e também para evitar que um terceiro mal-intencionado pretenda formular contra o devedor exigências mais rigorosas que as do credor primitivo, não pode substituir o credor por ele pago. Somente, pois, o terceiro interessado que efetua o pagamento sub-roga-se nos direitos do credor.

Como o referido art. 305 só dá direito a reembolso ao terceiro não interessado que paga a dívida em seu próprio nome, conclui-se, interpretando-se o dispositivo *a contrario sensu*, que não desfruta desse direito o que a paga em nome e por conta do devedor. Entende-se que, nesse caso, quis fazer uma liberalidade, uma doação, sem qualquer direito a reembolso.

O credor não pode recusar o pagamento de terceiro, por implicar a satisfação de seu crédito, salvo se houver, no contrato, expressa declaração proibitiva, ou se a obrigação, por sua natureza, tiver de ser cumprida pelo devedor (*intuitu personae* ou personalíssima). Por outro lado, é inoperante a oposição do devedor ao pagamento de sua dívida por terceiro não interessado, se o credor desejar receber. Só há um meio de evitar tal pagamento: é o próprio devedor antecipar-se. Mas, se credor e devedor acordaram em não admitir pagamento por terceiro não interessado, não poderá este pretender fazer desaparecer a dívida, por sua iniciativa.

Não havendo tal acordo, admite-se o pagamento por terceiro, apesar da oposição ou desconhecimento do devedor. Se este tiver meios para ilidir a ação, totalmente, como a arguição de prescrição ou decadência, compensação, novação etc., não ficará obrigado a reembolsar aquele que pagou (CC, art. 306). O terceiro só terá direito a reembolso até a importância que realmente aproveite ao devedor. Assim, se a dívida era de R$ 100.000,00, por exemplo, mas o devedor, por outro negócio entre as mesmas partes, tornou-se credor de

R$ 50.000,00, a dívida reduziu-se à metade, em virtude da compensação parcial operada. Se o terceiro não interessado pagar os R$ 100.000,00, contra a vontade do devedor, só terá direito a reembolsar-se de R$ 50.000,00, correspondentes ao benefício auferido por este.

Dispõe o art. 307 do Código Civil que "só terá eficácia o pagamento que importar transmissão da propriedade, quando feito por quem possa alienar o objeto, em que ele consistiu". Aduz o parágrafo único: "Se se der em pagamento coisa fungível, não se poderá mais reclamar do credor que, de boa-fé, a recebeu e consumiu, ainda que o solvente não tivesse o direito de aliená-la".

Nem sempre o pagamento consiste na entrega de dinheiro ao credor. Como tal locução tem o significado de "cumprimento ou adimplemento de obrigação", pode consistir na entrega de algum objeto, seja porque assim foi estipulado, seja porque o credor concordou com a dação em pagamento proposta pelo devedor. Segundo dispõe o aludido art. 307, o pagamento só terá eficácia, nesses casos, quando feito por quem tinha capacidade para alienar. O parágrafo único, porém, abre uma exceção: se a coisa entregue ao credor for fungível, e este a tiver recebido de boa-fé e a consumido, o pagamento terá eficácia, extinguindo-se a relação jurídica, ainda que o devedor não fosse dono. Só resta ao verdadeiro proprietário voltar-se contra quem a entregou indevidamente.

46 DAQUELES A QUEM SE DEVE PAGAR

O pagamento deve ser feito ao credor ou a quem de direito o represente, sob pena de não extinguir a obrigação (CC, art. 308). Deve-se acrescentar que pode também ser efetuado aos sucessores daquele, que o substituíram na titularidade do crédito, a título universal (como o herdeiro) ou a título particular (como é o caso do legatário, do cessionário e do sub-rogado).

Nem sempre, contudo, quem paga mal paga duas vezes, como diz conhecido adágio, pois o aludido dispositivo legal, na segunda parte, considera válido o pagamento feito a terceiro se for ratificado pelo credor (se este confirmar o recebimento por via do referido terceiro ou fornecer recibo) ou se reverter em seu proveito.

Há três espécies de representantes do credor: legal, judicial e convencional. Legal é o que decorre da lei, como os pais, tutores e curadores, respectivamente representantes legais dos filhos menores, dos tutelados e dos curatelados. Judicial é o nomeado pelo juiz, como o inventariante, o síndico da falência, o administrador da empresa penhorada etc. Convencional é o que recebe mandato outorgado pelo credor, com poderes especiais para receber e dar quitação.

O art. 311 do Código Civil considera portador de mandato tácito quem se apresenta ao devedor portando quitação assinada pelo credor, "salvo se as circunstâncias contrariarem a presunção daí resultante". Trata-se, portanto, de presunção relativa (*juris tantum*), que admite prova em contrário, pois não se descarta a hipótese de ter sido extraviado ou furtado o recibo.

Será válido, também, o pagamento feito ao credor putativo, isto é, àquele que se apresenta aos olhos de todos como o verdadeiro credor. Recebe tal denominação, portanto, quem aparenta ser credor, como é o caso do herdeiro aparente. Se, por exemplo, o único herdeiro conhecido de uma pessoa abonada, e que veio a falecer, é o seu sobrinho, o pagamento a ele feito de boa-fé é válido, mesmo que se apure, posteriormente, ter o *de cujus*, em disposição de última vontade, nomeado outra pessoa como seu herdeiro testamentário. Prescreve, com efeito, o art. 309 do Código Civil que "o pagamento feito de boa-fé ao credor putativo é válido, ainda provado depois que não era credor".

Pode ainda ser lembrada, como exemplo de credor putativo, a situação do locador aparente, que se intitula proprietário de um apartamento e o aluga a outrem. Provada a boa-fé deste, os pagamentos de aluguéis por ele efetuados serão considerados válidos, ainda que aquele não seja o legítimo dono. A boa-fé tem, assim, o condão de validar atos que, em princípio, seriam nulos. Ao verdadeiro credor, que não recebeu o pagamento, resta somente voltar-se contra o *accipiens*, isto é, contra o credor putativo, que recebeu indevidamente, embora também de boa-fé, pois o *solvens* nada mais deve.

O pagamento há de ser efetuado a pessoa capaz de fornecer a devida quitação, sob pena de não valer. Dispõe o art. 310 do Código Civil que "não vale o pagamento cientemente feito ao credor incapaz de quitar, se o devedor não provar que em benefício dele efetivamente reverteu". Também pode ser confirmado pelo representante legal ou pelo próprio credor, se relativamente incapaz, cessada a incapacidade (CC, art. 172). A quitação reclama capacidade e sem ela o pagamento não vale. No entanto, provado que reverteu em proveito do incapaz, cessa a razão da ineficácia.

Há quem entenda que essa solução somente se aplica ao relativamente incapaz, sendo sempre nulo o pagamento feito ao absolutamente incapaz. No entanto, o dispositivo legal mencionado não faz tal distinção. E também não se justifica a exigência de novo pagamento a este, se o primeiro reverteu em seu proveito. Além do empobrecimento do *solvens*, acarretaria o enriquecimento indevido do *accipiens*. Entendem dessa forma, dentre outros consagrados civilistas, Caio Mário da Silva Pereira, Clóvis Beviláqua, Serpa Lopes e Carvalho de Mendonça.

Como o citado art. 310 considera inválido somente o pagamento cientemente feito ao credor incapaz, será válido o ato se se provar erro escusável do devedor, por supor estar tratando com pessoa capaz, ou dolo do credor, por ocultar maliciosamente sua idade.

Há uma hipótese em que, mesmo sendo feito ao verdadeiro credor, o pagamento não valerá. Isso ocorre quando o devedor é intimado da penhora feita sobre o crédito, ou da impugnação a ele oposta por terceiros (CC, art. 312). Quando a penhora recai sobre um crédito, o devedor é intimado a não pagar ao credor mas a depositar em juízo o valor devido. Se mesmo assim pagar ao credor, o pagamento não valerá contra o terceiro exequente ou embargante, "que poderão constranger o devedor a pagar de novo, ficando-lhe ressalvado o regresso contra o credor".

47 DO OBJETO DO PAGAMENTO

O objeto do pagamento é a prestação. O credor não é obrigado a receber outra, "diversa da que lhe é devida, ainda que mais valiosa" (CC, art. 313). Ainda que a obrigação tenha por objeto prestação divisível, o pagamento não pode ser efetuado por partes, se assim não se ajustou, nem o devedor é obrigado a receber dessa forma (art. 314).

Na seção que trata especificamente do objeto do pagamento o Código Civil disciplina o pagamento em dinheiro, que é a forma mais importante e na qual todas as demais podem transformar-se. Preceitua o art. 315 que as dívidas em dinheiro "deverão ser pagas no vencimento, em moeda corrente e pelo valor nominal, salvo o disposto nos artigos subsequentes", que preveem a possibilidade de corrigi-lo monetariamente. O Código Civil adotou, assim, o princípio do nominalismo, pelo qual se considera como valor da moeda o valor nominal que lhe atribui o Estado, no ato da emissão ou cunhagem. De acordo com o referido princípio, o devedor de uma quantia em dinheiro libera-se entregando a quantidade de moeda mencionada no contrato ou título da dívida, e em curso no lugar do pagamento, ainda que desvalorizada pela inflação, ou seja, mesmo que a referida quantidade não seja suficiente para a compra dos mesmos bens que podiam ser adquiridos, quando contraída a obrigação.

Para contornar os efeitos maléficos decorrentes da desvalorização monetária, o Código Civil de 1916 permitiu o pagamento em moeda estrangeira, mais forte que a nacional (art. 947, § 1º), e em ouro e prata (art. 1.258), mas somente até 27 de novembro de 1933, quando passou a ser vedado pelo Decreto n. 23.501, posteriormente substituído pelo Decreto-lei n. 857, de 11 de setembro de 1969. Com o passar do tempo, buscaram os credores outros meios para fugir aos efeitos ruinosos da inflação, dentre eles a adoção da cláusula de escala móvel, pela qual o valor da prestação deve variar segundo os índices de custo de vida. Surgiram, assim, os diversos índices de correção monetária, que podiam ser aplicados sem limite temporal, até a edição da Medida Provisória n. 1.106, de 29 de agosto de 1995 (posteriormente convertida na Lei n. 10.192, de 14-2-2001), que, pretendendo desindexar a economia, declarou "nula de pleno direito qualquer estipulação de reajuste ou correção monetária de periodicidade inferior a um ano" (art. 2º, § 1º).

A escala móvel ou critério de atualização monetária, que decorre de prévia estipulação contratual, ou da lei, não se confunde com a teoria da imprevisão, que poderá ser aplicada pelo juiz quando fatos extraordinários e imprevisíveis tornarem excessivamente oneroso para um dos contratantes o cumprimento do contrato, e recomendarem sua revisão. A esse propósito, preceitua o art. 317 do Código Civil: "Quando, por motivos imprevisíveis, sobrevier desproporção entre o valor da prestação devida e o do momento de sua execução, poderá o juiz corrigi-lo, a pedido da parte, de modo que assegure, quanto possível, o valor real da prestação". Prescreve também o novel diploma que "é lícito convencionar o aumento progressivo de prestações sucessivas", e que "são nulas as convenções de pagamento em ouro ou em moeda estrangeira, bem como para compensar a diferença entre o valor desta e o da moeda nacional, excetuados os casos previstos na legislação especial" (arts. 316 e 318).

A Lei n. 9.069, de 29 de junho de 1995, que dispõe sobre o Plano Real, recepcionou o aludido Decreto-lei n. 857/69, que veda o pagamento em moeda estrangeira, mas estabelece algumas exceções, das quais se destacam a permissão de tal estipulação nos contratos referentes a importação e exportação de mercadorias e naqueles em que o credor ou devedor seja pessoa residente e domiciliada no exterior. Mesmo antes da referida lei formara-se uma jurisprudência no sentido de permitir estipulações contratuais em moeda estrangeira, devendo, entretanto, ser efetuada a conversão de seu valor para a moeda nacional por ocasião do pagamento ou de sua cobrança.

Essa jurisprudência vem sendo mantida pelo Superior Tribunal de Justiça, como se pode verificar:

"O art. 1º da Lei 10.192/01 proíbe a estipulação de pagamentos em moeda estrangeira para obrigações exequíveis no Brasil, regra essa encampada pelo art. 318 do CC/02 e excepcionada nas hipóteses previstas no art. 2º do DL 857/69. A despeito disso, pacificou-se no STJ o entendimento de que são legítimos os contratos celebrados em moeda estrangeira, desde que o pagamento se efetive pela conversão em moeda nacional.

(...)

Quando não enquadradas nas exceções legais, as dívidas fixadas em moeda estrangeira deverão, no ato de quitação, ser convertidas para a moeda nacional, com base na cotação da data da contratação, e, a partir daí, atualizadas com base em índice oficial de correção monetária" (REsp 1.323.219-RJ, 3ª T., rel. Min. Nancy Andrighi, j. 27-8-2013).

Distingue-se a dívida em dinheiro da dívida de valor. Na primeira, o objeto da prestação é o próprio dinheiro, como ocorre no contrato de mútuo, em que o tomador do empréstimo obriga-se a devolver, dentro de determinado prazo, a importância levantada. Quando, no entanto, o dinheiro não constitui o objeto da prestação, mas apenas representa seu valor, diz-se que a dívida é de valor.

A obrigação de indenizar, decorrente da prática de um ato ilícito, constitui dívida de valor. Se o prejuízo consiste no amassamento da porta do veículo da vítima, por exemplo, o *quantum* orçado é a medida do valor da referida porta. Sempre se entendeu que, nas dívidas de valor, a correção monetária incide desde a data do fato, porque seu montante deve corresponder ao do bem lesado. Ademais, correção monetária não é pena, e não constitui nenhum *plus*. Apenas atualiza o valor do débito, evitando o enriquecimento sem causa do devedor. Outros exemplos dessa espécie de dívida podem ser mencionados, como a decorrente da desapropriação (o montante da indenização corresponde ao valor da coisa desapropriada) e a resultante da obrigação alimentar (cujo valor representa a medida da necessidade do alimentando).

Toda moeda, admitida pela lei como meio de pagamento, tem curso legal no País, não podendo ser recusada. Quando o Código Civil de 1916 entrou em vigor, o dinheiro brasileiro tinha curso legal, mas não forçado, porque o devedor podia liberar-se pagando em qualquer moeda estrangeira. A partir do citado Decreto n. 23.501, de 27 de novembro de 1933, instaurou-se o curso forçado, não podendo o pagamento ser efetuado em outro padrão monetário, salvo algumas poucas exceções, como consignado no Decreto-lei n. 857/69, retromencionado. Moeda de curso forçado, portanto, é a única admitida pela lei como meio de pagamento no País.

Se o pagamento se houver de fazer por medida, ou peso, entender-se-á, no silêncio das partes, que "aceitaram os do lugar da execução" (CC, art. 326). Presumem-se a cargo do devedor as despesas com o pagamento e a quitação, mas, se ocorrer aumento por fato do credor, suportará este a despesa acrescida (art. 325).

48 DA PROVA DO PAGAMENTO

A regra dominante em matéria de pagamento é a de que ele não se presume. Prova-se-o pela regular quitação fornecida pelo credor. O devedor tem o direito de exigi-la, podendo reter o pagamento e consigná-lo, se não lhe for dada (CC, arts. 319 e 335, I).

Os requisitos que a quitação deve conter encontram-se especificados no art. 320: o valor e a espécie da dívida quitada, o nome do devedor, ou quem por esse pagou, o tempo e o lugar do pagamento, com a assinatura do credor, ou do seu representante. Deverá ser dada, portanto, por escrito, público ou particular. Ainda sem os referidos requisitos, "valerá a quitação, se de seus termos ou das circunstâncias resultar haver sido paga a dívida" (art. 320, parágrafo único). Segundo dispõe a primeira parte do aludido art. 320, a quitação "sempre poderá ser dada por instrumento particular". Desse modo, ainda que o contrato de que se originou tenha sido celebrado por instrumento público, valerá a quitação dada por instrumento particular.

Na I Jornada de Direito Civil promovida pelo Conselho da Justiça Federal foi aprovado o Enunciado 18, do seguinte teor: "A 'quitação regular', referida no art. 319 do Código Civil, engloba a quitação dada por meios eletrônicos ou por quaisquer formas de 'comunicação a distância', assim entendida aquela que permite ajustar negócios jurídicos e praticar atos jurídicos sem a presença corpórea simultânea das partes ou de seus representantes".

O Código Civil estabelece três presunções, que facilitam a prova do pagamento, dispensando a quitação: a) quando a dívida é representada por título de crédito, que se encontra na posse do devedor; b) quando o pagamento é feito em quotas sucessivas, existindo quitação da última; c) e quando há quitação do capital, sem reserva dos juros, que se presumem pagos.

Dispõe, com efeito, o art. 324: "A entrega do título ao devedor firma a presunção do pagamento". Aduz o parágrafo único que, porém, "ficará sem efeito a quitação assim operada se o credor provar, em sessenta dias, a falta de pagamento". Extinta a dívida pelo pagamento, o título que a representava deve ser restituído ao devedor, que pode exigir sua entrega, salvo se nele existirem codevedores cujas obrigações ainda não se extinguiram. A presunção de pagamento é, entretanto, relativa (*juris tantum*), pois o credor pode provar, no prazo legal, que o título se encontra indevidamente em mãos do devedor (casos de furto, extravio, conluio com o encarregado da cobrança etc.).

Se o título foi perdido, poderá o devedor exigir, retendo o pagamento, declaração do credor que inutilize o título desaparecido (CC, art. 321). Como tal declaração, entretanto, não é oponível ao terceiro detentor de boa-fé, melhor se mostra a observância do procedimento comum dos arts. 318 e s. do Código de Processo Civil, citando-se o credor e eventual detentor, e, por edital, os terceiros interessados (CPC, art. 259, II), julgando-se, a final, ineficaz o título reclamado, ordenando o juiz que outro seja lavrado, em substituição.

Preceitua o art. 322 do Código Civil: "Quando o pagamento for em quotas periódicas, a quitação da última estabelece, até prova em contrário, a presunção de estarem solvidas as anteriores". Assenta-se a regra na ideia de que não é natural o credor concordar em receber a última prestação sem haver recebido as anteriores. Mas a presunção é relativa, admitindo prova em contrário. Algumas vezes, por exemplo, condôminos de edifícios pagam as despesas condominiais do último mês e deixam de solver as do mês anterior, porque pretendem discutir em juízo a validade de sua cobrança. Nesse caso, a administração recebe a última, ressalvando no recibo o não pagamento da prestação anterior. Não feita a ressalva, a presunção poderá ser elidida pelos meios de prova em geral.

Outra presunção *juris tantum* é a estabelecida no art. 323 do Código Civil: "Sendo a quitação do capital sem reserva dos juros, estes presumem-se pagos". Como os juros não produzem rendimento, é de supor que o credor imputaria neles o pagamento parcial da dívida, e não no capital, que continuaria a render. Determina a lógica, portanto, que os juros devem ser pagos em primeiro lugar. Em regra, quando o recibo está redigido em termos gerais, sem qualquer ressalva, presume-se ser plena a quitação.

49 DO LUGAR DO PAGAMENTO

Dispõe o art. 327 do Código Civil: "efetuar-se-á o pagamento no domicílio do devedor, salvo se as partes convencionarem diversamente, ou se o contrário resultar da lei, da natureza da obrigação ou das circunstâncias". Designados dois ou mais lugares, cabe ao credor escolher entre eles (parágrafo único). Ocorrendo motivo grave para que se não efetue o pagamento no lugar determinado (doença, acidente, greve, por exemplo), "poderá o devedor fazê-lo em outro, sem prejuízo para o credor" (art. 329).

As partes podem, ao celebrar o contrato, escolher livremente o local em que a obrigação deverá ser cumprida. Se não o fizerem, nem a lei, ou se o contrário não dispuserem as circunstâncias, nem a natureza da obrigação, efetuar-se-á o pagamento no domicílio do devedor. Nesse caso, diz-se que a dívida é *quérable*, expressão traduzida como quesível, devendo o credor buscar, procurar o pagamento no domicílio daquele. O referido art. 327 constitui, pois, norma supletiva da vontade das partes, caso não concorram os outros fatores mencionados. Sendo o benefício instituído em seu favor, pode o devedor a ele renunciar, efetuando o pagamento no domicílio do credor.

Quando se estipula, como local do cumprimento da obrigação, o domicílio do credor, diz-se que a dívida é *portable* (portável), pois o devedor deve levar e oferecer o pagamento nesse local. A regra geral é a de que as dívidas são quesíveis, devem ser pagas no domicílio do devedor. Para serem portáveis, é necessário que o contrato expressamente consigne o domicílio do credor como o local do pagamento. No silêncio do contrato, aplica-se o princípio geral.

Fatos posteriores podem transformar em portável uma dívida quesível, ou vice-versa. É muito comum, em contratos de locação, estabelecer-se o domicílio de um dos contratantes como local de pagamento, e ocorrer tacitamente a posterior mudança em razão dos reiterados pagamentos efetuados no domicílio do outro. A propósito, dispõe o art. 330 do Código Civil: "O pagamento reiteradamente feito em outro local faz presumir renúncia do credor relativamente ao previsto no contrato".

A lei também pode contrariar a presunção estabelecida em favor do domicílio do devedor. Lei municipal que crie determinado tributo, por exemplo, pode determinar que o pagamento seja efetuado na Prefeitura ou em determinado banco com ela conveniado. A legislação sobre títulos de crédito também contém regras especiais sobre o lugar do pagamento. Outra exceção à regra geral decorre da natureza da obrigação, como acontece por exemplo nos despachos de mercadoria por via férrea, com frete a pagar, em que este deve ser solvido na estação de destino, pelo destinatário, por ocasião de sua retirada.

Algumas vezes, circunstâncias especiais determinam o pagamento, tornando inaplicável a regra que privilegia o domicílio do devedor. É o que ocorre, por exemplo, nos contratos de empreitada, em que a prestação prometida só poderá ser cumprida no local em que se realiza a obra, ou nos contratos de trabalho a serem prestados em determinada indústria.

Prescreve o art. 328 do Código Civil que, se "o pagamento consistir na tradição de um imóvel, ou em prestações relativas a imóvel, far-se-á no lugar onde situado o bem". Prestações relativas a imóvel devem ser entendidas como serviços, reparações, construções etc., não abrangendo, porém, os aluguéis, que podem ser pagos em outro local.

50 TEMPO DO PAGAMENTO

Interessa tanto ao credor como ao devedor saber a data exata do pagamento, porque não pode este ser exigido antes, salvo nos casos em que a lei determina o vencimento antecipado da dívida (CC, art. 333). Não pode o credor reclamar pagamento no último dia do prazo, pois o devedor dispõe desse dia por inteiro.

O Código Civil regulamenta o tempo de pagamento nas obrigações puras, distinguindo-as das condicionais. Trata, também, separadamente, das dívidas cujo vencimento foi fixado no contrato e das que não contêm tal ajuste.

As obrigações puras, com estipulação de data para o pagamento, devem ser solvidas nessa ocasião, sob pena de inadimplemento. A falta de pagamento constitui em mora o devedor de pleno direito, segundo a máxima *dies interpellat pro homine* ("o dia do vencimento interpela pelo homem"), reproduzida no art. 397 do Código Civil. Não há necessidade de notificação ou interpelação do devedor, pois a chegada do dia do vencimento corresponde a uma interpelação. Desse modo, o inadimplemento o constitui em mora, de pleno direito.

A regra de que a obrigação deve ser cumprida no vencimento sofre, entretanto, duas exceções: uma, relativa à antecipação do vencimento, nos casos expressos em lei; outra, referente ao pagamento antecipado, quando o prazo houver sido estabelecido em favor do devedor. Dispõe o art. 333 do Código Civil que "ao credor assistirá o direito de cobrar a dívida antes de vencido o prazo estipulado no contrato ou marcado neste Código: I – no caso de falência do devedor, ou de concurso de credores; II – se os bens, hipotecados ou empenhados, forem penhorados em execução por outro credor; III – se cessarem, ou se tornarem insuficientes, as garantias do débito, fidejussórias, ou reais, e o devedor, intimado, se negar a reforçá-las".

Outros dispositivos legais consignam hipóteses de vencimento antecipado da dívida, como o art. 1.425 do Código Civil, que trata das disposições gerais sobre penhor, hipoteca e anticrese; o art. 77 da Lei de Recuperação de Empresas e de Falências etc.

Nos contratos, o prazo se presume estabelecido em favor do devedor (CC, art. 133). Desse modo, se o desejar, poderá abrir mão do favor concedido pela lei, antecipando o pagamento. Mas, se o prazo for estipulado em favor do credor, pode este não aceitar o pagamento antecipado, por preferir, por exemplo, continuar recebendo os juros fixados a uma taxa conveniente, até o dia do vencimento da obrigação. Será obrigado a aceitá-lo, porém, e com redução proporcional dos juros, se o contrato for regido pelo Código de Defesa do Consumidor (art. 57, § 2º).

Se não se ajustou época para o pagamento, o credor pode exigi-lo imediatamente (CC, art. 331), salvo disposição especial do Código Civil, que estabelece, efetivamente, alguns prazos especiais, como, por exemplo, para o comodato, que se presumirá o necessário para o uso concedido, se outro não se houver fixado (art. 581). Deve ser lembrado que, não havendo prazo avençado, é necessário que o devedor seja informado do propósito do credor de receber, pois nas obrigações sem estipulação de prazo para o seu cumprimento a mora do devedor só começa depois da interpelação judicial ou extrajudicial (CC, art. 397, parágrafo único). Inúmeros julgados, no entanto, proclamam que a citação para a causa (na espécie, para a ação de cobrança) é a mais enérgica das interpelações, podendo o pagamento ser efetuado no prazo da contestação.

O art. 134 do Código Civil demonstra que nem sempre os atos sem prazo são exequíveis desde logo, ou desde que feita a interpelação, pois ressalva expressamente as hipóteses em que a execução tiver de ser feita em lugar diverso ou depender de tempo. Se alguém, por exemplo, obriga-se a entregar a outrem determinado objeto que se encontra em local distante, não se pode exigir o cumprimento imediato da prestação, pois o devedor necessitará de tempo suficiente para buscá-lo. Se a obrigação, em outro exemplo, for a de entregar o produto de determinada lavoura, deve-se aguardar a época certa para a colheita.

As obrigações condicionais "cumprem-se na data do implemento da condição, cabendo ao credor a prova de que deste teve ciência o devedor" (CC, art. 332). Refere-se o dispositivo à condição suspensiva, pois a resolutiva não impede a aquisição do direito desde logo (CC, art. 127). Porém, este se extingue ocorrendo evento futuro e incerto.

Quadro sinótico – I – Adimplemento e extinção das obrigações
Do pagamento

1. Noção	Pagamento significa cumprimento ou adimplemento de qualquer espécie de obrigação. Pode ser direto ou indireto (mediante consignação, p. ex.). Constitui o meio normal de extinção da obrigação. Esta pode extinguir-se, todavia, por meios anormais (sem pagamento), como nos casos de nulidade ou anulação, p. ex.
2. Natureza jurídica	Predomina o entendimento de que o pagamento tem natureza contratual. Resulta de um acordo de vontades, estando sujeito a todas as suas normas.
3. Requisitos de validade	a) A existência de um vínculo obrigacional. b) A intenção de solvê-lo (*animus solvendi*). c) O cumprimento da prestação. d) A pessoa que efetua o pagamento (*solvens*). e) A pessoa que o recebe (*accipiens*).
4. Quem deve pagar	a) O devedor, como principal interessado. b) Qualquer interessado na extinção da dívida (art. 304). Só se considera interessado quem tem interesse jurídico, ou seja, quem pode ter seu patrimônio afetado caso não ocorra o pagamento, como o avalista e o fiador, p. ex. Podem até consignar o pagamento, se necessário. c) Terceiros não interessados (que também podem consignar), desde que o façam em nome e por conta do devedor, agindo assim como seu representante ou gestor de negócios (hipótese de legitimação extraordinária, prevista na parte final do art. 18 do CPC). Não podem consignar em seu próprio nome, por falta de interesse. Se pagarem a dívida em seu próprio nome (não podendo, nesse caso, consignar), têm direito a reembolsar-se do que pagarem; mas não se sub-rogam nos direitos do credor (art. 305). Só o terceiro interessado se sub-roga nesses direitos (art. 346, III). Se pagarem a dívida em nome e por conta do devedor (nesse caso podem até consignar), entende-se que quiseram fazer uma liberalidade, sem qualquer direito a reembolso.

5. A quem se deve pagar	– O pagamento deve ser feito ao credor ou a quem de direito o represente, ou ainda aos sucessores daquele, sob pena de não extinguir a obrigação (art. 308). – Mesmo efetuado de forma incorreta, o pagamento será considerado válido, se for ratificado pelo credor ou se reverter em seu proveito (art. 308, 2ª parte). – Há três espécies de representantes do credor: legal, judicial e convencional. O art. 311 considera portador de mandato tácito quem se apresenta ao devedor portando quitação assinada pelo credor, "salvo se as circunstâncias contrariarem a presunção daí resultante". – Será válido, também, o pagamento feito de boa-fé ao credor putativo, isto é, àquele que se apresenta aos olhos de todos como o verdadeiro credor (art. 309). – O pagamento há de ser efetuado a pessoa capaz de fornecer a devida quitação, sob pena de não valer se o devedor não provar que em benefício dele efetivamente reverteu (art. 310).
6. Objeto do pagamento	– O objeto do pagamento é a prestação. O credor não é obrigado a receber outra, "diversa da que lhe é devida, ainda que mais valiosa" (art. 313). – As dívidas em dinheiro "deverão ser pagas no vencimento, em moeda corrente e pelo valor nominal, salvo o disposto nos artigos subsequentes" (art. 315), que preveem a possibilidade de corrigi-lo monetariamente. O CC adotou, assim, o princípio do nominalismo, pelo qual se considera como valor da moeda o valor nominal que lhe atribui o Estado, no ato da emissão ou cunhagem. – Na dívida em dinheiro, o objeto da prestação é o próprio dinheiro, como ocorre no contrato de mútuo. Quando o dinheiro não constitui o objeto da prestação, mas apenas representa seu valor, diz-se que a dívida é de valor.
7. Prova do pagamento	– Pagamento não se presume; prova-se pela regular quitação fornecida pelo credor. O devedor tem o direito de exigi-la, podendo reter o pagamento e consigná-lo, se não lhe for dada (arts. 319 e 335, I). – O CC estabelece três presunções, que facilitam a prova do pagamento, dispensando a quitação: a) quando a dívida é representada por título de crédito, que se encontra na posse do devedor; b) quando o pagamento é feito em quotas sucessivas, existindo quitação da última; e c) quando há quitação do capital, sem reserva dos juros, que se presumem pagos (arts. 322, 323 e 324).
8. Lugar do pagamento	– O local do cumprimento da obrigação pode ser livremente escolhido pelas partes e constar expressamente do contrato. – Se não o escolherem, nem a lei o fixar, ou se o contrário não dispuserem as circunstâncias, efetuar-se-á o pagamento no domicílio do devedor. Nesse caso, a dívida é *quérable* (quesível), devendo o credor buscar o pagamento no domicílio daquele.

8. Lugar do pagamento	– Quando se estipula, como local do cumprimento da obrigação, o domicílio do credor, diz-se que a dívida é *portable* (portável), pois o devedor deve levar e oferecer o pagamento nesse local. A regra geral é a de que as dívidas são quesíveis. Para serem portáveis, é necessário que o contrato expressamente consigne o domicílio do credor como o local do pagamento.
9. Tempo do pagamento	– As obrigações puras, com estipulação de data para o pagamento, devem ser solvidas nessa ocasião, sob pena de inadimplemento e constituição do devedor em mora de pleno direito (art. 397), salvo se houver antecipação do pagamento por conveniência do devedor (art. 133) ou em virtude de lei (art. 333, I a III). – Se não se ajustou época para o pagamento, o credor pode exigi-lo imediatamente (art. 331), salvo disposição especial do CC. – Nos contratos, o prazo se presume estabelecido em favor do devedor (art. 133).

Capítulo II

DO PAGAMENTO EM CONSIGNAÇÃO

51 CONCEITO

O pagamento em consignação consiste no depósito, pelo devedor, da coisa devida, com o objetivo de liberar-se da obrigação. É meio indireto de pagamento, ou pagamento especial, incluindo-se nessa categoria, também, o pagamento com sub-rogação, a imputação do pagamento e a dação em pagamento. Pagar não é apenas um dever, mas também um direito do devedor. Se não for possível realizar o pagamento diretamente ao credor, em razão de recusa injustificada deste em receber, ou de alguma outra circunstância, poderá valer-se da consignação em pagamento, para não sofrer as consequências da mora.

Segundo o art. 334 do Código Civil, "considera-se pagamento, e extingue a obrigação, o depósito judicial ou em estabelecimento bancário da coisa devida, nos casos e forma legais". Ao usar a expressão "coisa devida", o aludido dispositivo permitiu a consignação não só de dinheiro como também de bens móveis ou imóveis. O credor, por exemplo, que se recusar a receber os móveis encomendados só porque não está preparado para efetuar o pagamento convencionado dá ensejo ao marceneiro de consigná-los judicialmente. Só não cabe a consignação, por sua natureza, nas obrigações de fazer e de não fazer.

A consignação é instituto de direito material e de direito processual. O Código Civil menciona os fatos que autorizam a consignação. O modo de fazê-lo é previsto no diploma processual. Este, durante anos, só previa o depósito judicial da coisa devida, efetivado por meio da ação de consignação em pagamento. Mas a reforma por que passou em 1994 acrescentou quatro parágrafos ao art. 890, facultando o depósito extrajudicial, em estabelecimento bancário oficial, onde houver, quando se tratar de pagamento em dinheiro, faculdade essa mencionada no citado art. 334 do Código Civil.

Portanto, se o credor, sem justa causa, recusa-se a receber o pagamento em dinheiro, poderá o devedor optar pelo depósito extrajudicial ou pelo ajuizamento da ação de consignação em pagamento. Esta não é mais considerada, como outrora, ação executiva inversa, somente admissível quando a dívida fosse de valor líquido e certo, mas sim ação de natureza declaratória, podendo ser ajuizada também quando houver dúvida sobre o exato valor da obrigação. É o que ocorre, com frequência, com mutuários do Sistema Financeiro da Habitação, que consignam judicialmente o valor da prestação, que consideram devido, diverso do pretendido pelo agente financeiro. A ação é proposta para que se declare o valor correto das prestações.

52 FATOS QUE AUTORIZAM A CONSIGNAÇÃO

O art. 335 do Código Civil apresenta um rol, não taxativo, dos casos que autorizam a consignação. Outros são mencionados em artigos esparsos, como nos arts. 341 e 342, bem como em leis avulsas (Dec.-lei n. 58/37, art. 17, parágrafo único; Lei n. 492/37, arts. 19 e 21, n. III etc.).

A primeira circunstância que dá lugar à consignação (CC, art. 335, I) é "se o credor não puder, ou, sem justa causa, recusar receber o pagamento, ou dar quitação na devida forma". Só a recusa injusta, não fundada em motivo legítimo, a autoriza. Se o locador, por exemplo, não quiser receber o aluguel porque o inquilino não incluiu aumento autorizado por lei, não haverá lugar para a consignação. O motivo apresentado para a recusa é justo, pois ninguém é obrigado a receber menos do que lhe é devido. Se, no entanto, não houver base legal para o acréscimo pretendido, a consignação será procedente. Observe-se que a consignação ainda terá lugar se o credor concordar em receber o pagamento, mas recusar-se a fornecer a quitação, ou se não puder recebê-lo nem fornecê-lo, porque se trata de meio liberatório do devedor.

O caso em estudo contempla a hipótese de dívida *portable*, em que o pagamento deve ser efetuado no domicílio do credor. É necessário que tenha havido oferta real, efetiva, incumbindo ao autor prová-la, bem como a recusa injustificada do credor. A este incumbe, ao contrário, o ônus de provar a existência de justa causa para a recusa.

O segundo fato (inc. II) mencionado no aludido art. 335 é "se o credor não for, nem mandar receber a coisa no lugar, tempo e condição devidos". Trata-se de dívida *quérable* (quesível), em que o pagamento deve efetuar-se fora do domicílio do credor, cabendo a este a iniciativa. Permanecendo inerte, faculta-se ao devedor consignar judicialmente a coisa devida, ou extrajudicialmente a importância em dinheiro, para liberar-se da obrigação.

Em terceiro lugar prevê o art. 335 (inc. III) a hipótese de o credor ser incapaz de receber ou desconhecido, ter sido declarado ausente, ou residir em lugar incerto ou de acesso perigoso ou difícil. O incapaz, em razão de sua condição, não deve receber o pagamento. A exigência da lei é que o devedor pague ao seu representante legal. Mas se, por algum motivo, o pagamento não puder ser efetuado a este (por inexistência momentânea ou por ser desconhecido, ou se recusar a recebê-lo sem justa causa, p. ex.), a solução será consigná-lo. Em geral, as obrigações são contraídas com pessoas conhecidas. Mas pode o *accipiens*, por fato posterior, tornar-se desconhecido, como, por exemplo, na hipótese de sucessão decorrente da morte do credor originário ou da transferência de título ao portador.

Ausente é a pessoa que desaparece de seu domicílio, sem dar notícia de seu paradeiro nem deixar um representante ou procurador para administrar-lhe os bens (CC, art. 22). Como a ausência há de ser declarada por sentença, caso em que se lhe nomeará curador, dificilmente se caracterizará a hipótese descrita na lei, pois o pagamento pode ser feito ao referido representante legal do ausente. E dificilmente será este desconhecido, podendo seu nome ser apurado no processo de declaração de ausência. A residência em lugar incerto, ou de acesso perigoso ou difícil, constitui também circunstância que enseja a consignação, pois não se pode exigir que o devedor arrisque a vida para efetuar o pagamento.

A quarta hipótese (inc. IV) apresenta-se quando ocorre "dúvida sobre quem deva legitimamente receber o objeto do pagamento". Se dois credores mostram-se interessados em receber o pagamento, e havendo dúvida sobre quem tem direito a ele, deve o devedor valer-se da consignação para não correr o risco de pagar mal, requerendo a citação de ambos. É o caso, por exemplo, de dois municípios que se julgam credores de impostos devidos por determinada empresa, que tem estabelecimentos em ambos.

Somente se justifica a consignação se houver dúvida quanto a quem seja o credor legítimo. Inexistindo, será decretada a carência da consignatória, por falta de interesse para agir (*RT*, 570:166, 575:258). Comparecendo mais de um pretendente ao crédito, o devedor é excluído do processo, declarando-se extinta a obrigação. O processo prossegue entre os credores. Se comparecer apenas um pretendente, terá o direito de levantar a quantia depositada. Não comparecendo nenhum, converter-se-á o depósito em arrecadação de bens de ausentes (CPC, art. 548).

Também pode ser consignado o pagamento "se pender litígio sobre o objeto do pagamento" (inc. V). Estando o credor e terceiro disputando em juízo o objeto do pagamento, não deve o devedor antecipar-se ao pronunciamento judicial e entregá-lo a um deles, assumindo o risco (CC, art. 344), mas sim consigná-lo judicialmente, para ser levantado pelo que vencer a demanda.

53 REQUISITOS DE VALIDADE

Para que a consignação tenha força de pagamento, preceitua o art. 336 do Código Civil, "será mister concorram, em relação às pessoas, ao objeto, modo e tempo, todos os requisitos sem os quais não é válido o pagamento". Assim, em relação às pessoas, deve ser feito pelo devedor e ao verdadeiro credor, sob pena de não valer, salvo se ratificado por este ou se reverter em seu proveito (arts. 304 e s., 308 e 876).

Quanto ao objeto, exige-se a integralidade do depósito, porque o credor não é obrigado a aceitar pagamento parcial. O modo será o convencionado, não se admitindo, por exemplo, pagamento em prestações quando estipulado que deve ser à vista. Quanto ao tempo, deve ser, também, o fixado no contrato, não podendo efetuar-se antes de vencida a dívida, se assim foi convencionado. A mora do devedor, por si só, não impede a propositura da ação de consignação em pagamento, se ainda não provocou consequências irreversíveis, pois tal ação pode ser utilizada tanto para prevenir como para emendar a mora (*v.* n. 77, *infra*).

54 REGULAMENTAÇÃO

O depósito requerer-se-á no lugar do pagamento, cessando, tanto que se efetue, para o depositante, os juros da dívida e os riscos, salvo se for julgado improcedente (CC, art. 337). Sendo quesível a dívida, o pagamento efetua-se no domicílio do devedor; sendo portável, no do credor (CC, art. 327), podendo haver, ainda, foro de eleição.

Se a coisa devida for imóvel ou corpo certo (coisa certa) que deva ser entregue no mesmo lugar onde está, poderá o devedor citar o credor para vir ou mandar recebê-la, sob pena de ser depositada (CC, art. 341). Em se tratando de coisa indeterminada (incerta), faltando a escolha da qualidade e se esta competir ao credor, o devedor não será obrigado a permanecer aguardando indefinidamente que ela se realize, podendo citá-lo para esse fim, sob cominação de perder o direito e de ser depositada a coisa que o devedor escolher; feita a escolha por este, "proceder-se-á como no artigo antecedente" (art. 342).

O art. 338 do Código Civil autoriza o devedor a levantar o depósito, pagando as respectivas despesas, enquanto o credor não declarar que o aceita, ou não o impugnar. Se ocorre o levantamento, a obrigação subsiste, com todas as suas consequências. Por sua vez, o art. 339 trata da impossibilidade de levantamento do objeto depositado, depois de julgado procedente o depósito, mesmo havendo anuência do credor, quando existirem outros devedores e fiadores. Procura-se, dessa forma, resguardar os direitos destes, pois a procedência da ação extingue a obrigação, acarretando a exoneração dos devedores solidários. Se estes, no entanto, concordarem com o levantamento, deixará de existir o impedimento legal.

O art. 541 do Código de Processo Civil permite, quando se trata de prestações sucessivas, a continuação dos depósitos no mesmo processo, depois de efetuado o da primeira, desde que se realizem até cinco dias da data do vencimento. O parágrafo único do art. 544 do mesmo diploma obriga o demandado que alegar insuficiência do depósito a indicar o montante que entende devido.

Capítulo III

DO PAGAMENTO COM SUB-ROGAÇÃO

55 CONCEITO E ESPÉCIES

Sub-rogação é a substituição de uma pessoa, ou de uma coisa, por outra pessoa, ou outra coisa, em uma relação jurídica. No primeiro caso, a sub-rogação é pessoal; no segundo, real. Nesta, a coisa que toma o lugar da outra fica com os mesmos ônus e atributos da primeira. É o que ocorre, por exemplo, na sub-rogação do vínculo da inalienabilidade, em que a coisa gravada pelo testador ou doador é substituída por outra, ficando esta sujeita àquela restrição (*v.* CC, art. 1.911, parágrafo único; CPC, art. 725, II).

Na sub-rogação pessoal, segundo Clóvis Beviláqua, ocorre a transferência dos direitos do credor para aquele que solveu a obrigação, ou emprestou o necessário para solvê-la (*Comentários ao Código Civil*, v. 4, p. 144). Assim, o avalista, que paga a dívida pela qual se obrigou solidariamente, sub-roga-se nos direitos do credor, ou seja, toma o lugar deste na relação jurídica. No capítulo referente ao pagamento com sub-rogação, é desta espécie que trata o Código Civil.

O instituto em estudo constitui uma exceção à regra de que o pagamento extingue a obrigação. A sub-rogação é uma figura jurídica anômala, pois o pagamento promove apenas uma alteração subjetiva da obrigação, mudando o credor. A extinção obrigacional ocorre somente em relação ao credor, que nada mais poderá reclamar depois de haver recebido do terceiro interessado (avalista, fiador, coobrigado etc.) o seu crédito. Nada se altera, porém, para o devedor, visto que o terceiro, que paga, toma o lugar do credor satisfeito e passa a ter o direito de cobrar a dívida.

A sub-rogação pode ser, ainda, legal ou convencional. A primeira decorre da lei; a segunda, da vontade das partes.

56 REGULAMENTAÇÃO

A sub-rogação legal encontra-se regulamentada no art. 346 do Código Civil e se opera, de pleno direito, em três casos. Primeiro, em favor "do credor que paga a dívida do devedor comum" (inc. I).

Cogita o dispositivo da hipótese de o devedor ter mais de um credor. Se um deles promover a execução judicial de seu crédito, preferencial ou não, poderá o devedor ficar sem meios para atender aos compromissos com os demais credores. Qualquer destes pode, então, pagar ao credor exequente, sub-rogando-se em seus direitos, e aguardar a melhor oportunidade para a cobrança de seu crédito. Pode o credor, com segunda hipoteca sobre determinado imóvel do devedor, preferir pagar ao titular do crédito garantido por primeira hipoteca sobre o mesmo bem, sub-rogando-se nos direitos deste, para posteriormente executar os dois créditos hipotecários e não ter de aguardar a execução do primeiro, e apenas contentar-se com o que restar.

A sub-rogação legal opera também, em segundo lugar, em favor "do adquirente do imóvel hipotecado, que paga a credor hipotecário, bem como do terceiro que efetiva o pagamento para não ser privado de direito sobre imóvel" (inc. II). Pode, eventualmente, alguém adquirir imóvel hipotecado, porque faltam poucas prestações a serem pagas ao credor, pelo alienante. Se este, no entanto, deixa de pagá-las, pode o adquirente efetuar o pagamento, para evitar a excussão do imóvel hipotecado, sub-rogando-se nos direitos daquele. Estando o imóvel onerado por mais de uma hipoteca, o adquirente, que paga a primeira, sub-roga-se no crédito hipotecário satisfeito, adquirindo preferência em relação aos demais credores hipotecários. Pode valer-se dessa posição para dificultar a execução que estes pretendam promover.

Em terceiro lugar, a sub-rogação opera-se, ainda, em favor "do terceiro interessado, que paga a dívida pela qual era ou podia ser obrigado, no todo ou em parte" (inc. III). Terceiro interessado é o que pode ter seu patrimônio afetado caso a dívida, pela qual também se obrigou, não seja paga. É o que acontece com o avalista, com o fiador, com o coobrigado solidário etc., que pagam dívida pela qual eram ou podiam ser obrigados. Sub-rogam-se, automaticamente, nos direitos do credor. Embora extinta para este a dívida, subsiste ela em relação ao devedor, que deverá saldá-la ao terceiro interessado, que a pagou, investindo-se, em virtude desse pagamento, em todos os direitos e garantias do primitivo credor.

Essa terceira hipótese é a mais comum. Mas favorece somente o terceiro interessado. O terceiro não interessado, que paga a dívida em seu próprio nome, malgrado tenha direito a reembolsar-se do que pagou, não se sub-roga nos direitos do credor (CC, art. 305). Sendo estranho à relação obrigacional, não lhe assiste tal direito.

A regulamentação da sub-rogação convencional está contida no art. 347 do atual diploma, que prevê duas hipóteses. A primeira, "quando o credor recebe o pagamento de terceiro e expressamente lhe transfere todos os seus direitos" (inc. I). O terceiro interessado já se sub-roga, automaticamente, nos direitos do credor. Não necessita, pois, dessa transferência feita pelo credor. Cuida o dispositivo, pois, da hipótese de terceiro não interessado. A transferência, por vontade do credor, pode ser feita sem a anuência do devedor. É uma espécie de cessão de crédito, embora não se confunda com esta, que tem características próprias. Mas, do ponto de vista puramente legal, ambas se regulam pelos mesmos princípios, dispondo o art. 348 do mesmo diploma que, "na hipótese do inciso I do artigo antecedente, vigorará o disposto quanto à cessão de crédito".

A segunda hipótese de sub-rogação convencional configura-se quando "terceira pessoa empresta ao devedor a quantia precisa para solver a dívida, sob a condição expressa de ficar o mutuante sub-rogado nos direitos do credor satisfeito" (inc. II). É o que ocorre, com frequência, nos financiamentos regulados pelo Sistema Financeiro da Habitação, em que o agente financeiro (Caixa Econômica, p. ex.) empresta ao adquirente da casa própria (mutuário) a quantia necessária para o pagamento ao alienante, sob a condição expressa de ficar sub-rogada nos direitos deste. O devedor paga seu débito com a quantia que lhe foi emprestada, transferindo expressamente ao agente financeiro os direitos do credor (alienante) satisfeito. Assim, o adquirente da casa própria não é mais devedor do alienante, e sim do terceiro (agente financeiro), que lhe emprestou o numerário.

57 EFEITOS

A sub-rogação "transfere ao novo credor todos os direitos, ações, privilégios e garantias do primitivo, em relação à dívida, contra o devedor principal e os fiadores" (CC, art. 349). O efeito translativo da sub-rogação é, portanto, amplo. O novo credor será um credor privilegiado se o primitivo o era. O avalista, que paga a dívida, sub-rogando-se nos direitos do primitivo credor, poderá cobrá-la também sob a forma de execução.

O dispositivo em tela aplica-se às duas modalidades de sub-rogação, legal e convencional. Nesta, porém, devido a sua natureza contratual, podem as partes limitar os direitos do sub-rogado.

Na sub-rogação legal, o sub-rogado não pode reclamar do devedor a totalidade da dívida, mas só aquilo que houver desembolsado (CC, art. 350). Assim, quem pagar soma menor que a do crédito sub-roga-se pelo valor efetivamente pago, e não pelo daquele. Na sub-rogação convencional, em que predomina a autonomia da vontade e o caráter especulativo, como na cessão de crédito, pode ser estabelecido o contrário, ou seja, que haverá sub-rogação total, mesmo não tendo havido desembolso integral da importância necessária à satisfação do credor primitivo. Apesar da controvérsia existente a respeito do tema, não nos parece razoável entender que, no silêncio do contrato, a sub-rogação convencional será total, mesmo não tendo havido desembolso integral.

Dispõe, por fim, o art. 351 do Código Civil que "o credor originário, só em parte reembolsado, terá preferência ao sub-rogado, na cobrança da dívida restante, se os bens do devedor não chegarem para saldar inteiramente o que a um e outro dever". Assim, na execução do patrimônio do devedor, terá preferência, pelo saldo, o credor originário, que não foi pago integralmente, sobre o sub-rogado que, por ter efetuado pagamento parcial, sub-rogou-se apenas em parte no crédito deste.

58 NATUREZA JURÍDICA

Malgrado a semelhança existente entre pagamento com sub-rogação e cessão de crédito, os dois institutos não se confundem. O aspecto especulativo, o fim de lucro, é elementar nesta, mas não o é na sub-rogação. A cessão de crédito é feita, em geral, por valor diverso deste, enquanto a sub-rogação legal ocorre na exata proporção do pagamento efetuado. Nesta, ocorre pagamento, enquanto a cessão de crédito é feita antes da satisfação do débito.

O pagamento com sub-rogação também não se confunde com novação subjetiva por substituição de credor, por lhe faltar o *animus novandi*. Trata-se, na realidade, de instituto autônomo e anômalo, em que o pagamento promove apenas uma alteração subjetiva da obrigação, mudando o credor. A extinção obrigacional ocorre somente em relação ao credor, que fica satisfeito. Nada se altera para o devedor, que deverá pagar ao terceiro, sub-rogado no crédito.

Quadro sinótico – II – Meios indiretos de pagamento

A) Pagamento em consignação

1. Conceito	O pagamento em consignação consiste no depósito, pelo devedor, da coisa devida, com o objetivo de liberar-se da obrigação (art. 334). É meio indireto de pagamento, ou pagamento especial.
2. Natureza jurídica	A consignação é, concomitantemente, instituto de direito material e de direito processual. O CC menciona os fatos que autorizam a consignação. O modo de fazê-lo é previsto no diploma processual civil.
3. Fatos que autorizam a consignação	O art. 335 do CC apresenta um rol, não taxativo, dos casos que autorizam a consignação. Outros são mencionados em artigos esparsos, como nos arts. 341 e 342, bem como em leis avulsas (Dec.-Lei n. 58/37, art. 17, parágrafo único; Lei n. 492/37, arts. 19 e 21, III, etc.).
4. Requisitos de validade	– Em relação às pessoas, deve ser feito pelo devedor e ao verdadeiro credor, sob pena de não valer, salvo se ratificado por este ou se reverter em seu proveito (arts. 336, 304 e 308). – Quanto ao objeto, exige-se a integralidade do depósito, porque o credor não é obrigado a aceitar pagamento parcial. – O modo será o convencionado, não se admitindo, p. ex., pagamento em prestações quando estipulado que deve ser à vista. – Quanto ao tempo, deve ser, também, o fixado no contrato, não podendo efetuar-se antes de vencida a dívida, se assim não foi convencionado.
5. Regulamentação	– O depósito requer-se no lugar do pagamento (art. 337). – Sendo quesível a dívida, o pagamento efetua-se no domicílio do devedor; sendo portável, no do credor (art. 327), podendo haver, ainda, foro de eleição. – Se a coisa devida for imóvel ou corpo certo que deva ser entregue no mesmo lugar onde está, poderá o devedor citar o credor para vir ou mandar recebê-la, sob pena de ser depositada (art. 341).

5. Regulamentação	– O art. 339 trata da impossibilidade de levantamento do objeto depositado, depois de julgado procedente o depósito, mesmo havendo anuência do credor, quando existirem outros devedores e fiadores. – O art. 541 do CPC permite, quando se trata de prestações sucessivas, a continuação dos depósitos no mesmo processo, depois de efetuado o da primeira, desde que se realizem até cinco dias da data do vencimento.

B) Pagamento com sub-rogação

1. Conceito	Sub-rogação é a substituição de uma pessoa, ou de uma coisa, por outra pessoa, ou outra coisa, em uma relação jurídica. No primeiro caso, a sub-rogação é pessoal; no segundo, real. A sub-rogação pode ser, ainda, legal ou convencional. A primeira decorre da lei; a segunda, da vontade das partes.	
2. Natureza jurídica	Trata-se de instituto autônomo e anômalo, em que o pagamento promove apenas uma alteração subjetiva da obrigação, mudando o credor. A extinção obrigacional ocorre somente em relação ao credor, que fica satisfeito. Nada se altera para o devedor, que deverá pagar ao terceiro, sub-rogado no crédito.	
3. Regulamentação	Sub-rogação legal: opera de pleno direito (art. 346)	a) Em favor do credor que paga a dívida do devedor comum. b) Em favor do adquirente do imóvel hipotecado, que paga a credor hipotecário, bem como do terceiro que efetiva o pagamento para não ser privado de direito sobre imóvel. c) Em favor do terceiro interessado, que paga a dívida pela qual era ou podia ser obrigado, no todo ou em parte.
	Sub-rogação convencional (art. 347)	a) Quando o credor recebe o pagamento de terceiro e expressamente lhe transfere todos os seus direitos. b) Quando terceira pessoa empresta ao devedor a quantia precisa para solver a dívida, sob a condição expressa de ficar o mutuante sub-rogado nos direitos do credor satisfeito.
4. Efeitos	a) A sub-rogação "transfere ao novo credor todos os direitos, ações, privilégios e garantias do primitivo, em relação à dívida, contra o devedor principal e os fiadores" (art. 349). b) Na sub-rogação legal, o sub-rogado não pode reclamar do devedor a totalidade da dívida, mas só aquilo que houver desembolsado (art. 350). c) "O credor originário, só em parte reembolsado, terá preferência ao sub-rogado, na cobrança da dívida restante, se os bens do devedor não chegarem para saldar inteiramente o que a um e outro dever" (art. 351).	

C) Imputação do pagamento

1. Conceito	A imputação do pagamento consiste na indicação ou determinação da dívida a ser quitada, quando uma pessoa se encontra obrigada, por dois ou mais débitos da mesma natureza, a um só credor, e efetua pagamento não suficiente para saldar todas elas.
2. Espécies	a) Imputação feita pelo devedor (art. 352). Limitações: arts. 133, 314 e 354. b) Imputação feita pelo credor (art. 353): quando o devedor não declara qual das dívidas quer pagar. c) Imputação por determinação legal (art. 355): se o devedor não fizer a indicação do art. 352, e a quitação for omissa quanto à imputação.

D) Dação em pagamento

1. Conceito	A dação em pagamento é um acordo de vontades entre credor e devedor, por meio do qual o primeiro concorda em receber do segundo, para exonerá-lo da dívida, prestação diversa da que lhe é devida (art. 356).
2. Natureza jurídica	É forma de pagamento indireto. Não constitui novação objetiva, nem se situa entre os contratos. Determinado o preço da coisa dada em pagamento, as relações entre as partes regular-se-ão pelas normas do contrato de compra e venda (art. 357).
3. Requisitos	a) Existência de um débito vencido. b) *Animus solvendi.* c) Diversidade do objeto oferecido, em relação ao devido. d) Consentimento do credor na substituição.

Capítulo IV

DA IMPUTAÇÃO DO PAGAMENTO

59 CONCEITO

A imputação do pagamento consiste na indicação ou determinação da dívida a ser quitada, quando uma pessoa se encontra obrigada, por dois ou mais débitos da mesma natureza, a um só credor, e efetua pagamento não suficiente para saldar todos eles. É o que ocorre quando alguém é devedor de várias importâncias em dinheiro ao mesmo credor. Assim, por exemplo, se três dívidas são, respectivamente, de cinquenta, cem e duzentos reais, e o devedor remete cinquenta reais ao credor, a imputação poderá ser feita em qualquer delas, se este concordar com o recebimento parcelado da segunda ou da terceira. Caso contrário, será considerada integralmente quitada a primeira dívida.

Preceitua o art. 352 do Código Civil: "A pessoa obrigada por dois ou mais débitos da mesma natureza, a um só credor, tem o direito de indicar a qual deles oferece pagamento, se todos forem líquidos e vencidos". A imputação pressupõe a identidade de credor e de devedor e a existência de dois ou mais débitos, exceto quando a dívida única vence juros. Nesse caso, imputa-se o pagamento primeiro nos juros vencidos e, depois, no capital (CC, art. 354). Exige, também, que as dívidas sejam da mesma natureza. Se uma delas for de dinheiro, e a outra consistir na entrega de algum bem, havendo o pagamento de certa quantia não haverá necessidade de imputação do pagamento.

As dívidas devem ser ainda líquidas e vencidas. Como, entretanto, em geral o prazo para pagamento é estipulado em favor do devedor (CC, art. 133), poderá este imputar o pagamento em dívida não vencida, se houver o consentimento do credor. É necessário, por fim, que a importância entregue ao credor a título de pagamento seja suficiente para extinguir ao menos uma das diversas dívidas, pois do contrário estar-se-ia constrangendo o credor a receber pagamento parcial, a despeito da proibição constante do art. 314 do estatuto civil.

60 ESPÉCIES

Há três espécies de imputação: do devedor, do credor e legal.

A imputação por vontade ou indicação do devedor é assegurada a este no art. 352 já mencionado, pelo qual a pessoa obrigada tem o direito de escolher qual débito deseja saldar. Esse direito sofre, no entanto, algumas limitações:

a) o devedor não pode imputar pagamento em dívida ainda não vencida se o prazo se estabeleceu a benefício do credor (CC, art. 133). Como, em geral, é convencionado em favor do devedor, pode este, em princípio, renunciá-lo. Mas a imputação em dívida não vencida não se fará sem consentimento do credor (art. 352, *in fine*);

b) o devedor não pode, também, imputar o pagamento em dívida cujo montante seja superior ao valor ofertado, salvo acordo entre as partes, pois pagamento parcelado do débito só é permitido quando convencionado (CC, art. 314);

c) o devedor não pode, ainda, pretender que o pagamento seja imputado no capital, quando há juros vencidos, "salvo estipulação em contrário, ou se o credor passar a quitação por conta do capital" (CC, art. 354).

Proclamou o Superior Tribunal de Justiça que, "no âmbito do Sistema Financeiro da Habitação, os pagamentos mensais devem ser imputados primeiramente aos juros e depois ao principal, nos termos do disposto no art. 354 do Código Civil em vigor", e que, "se o pagamento mensal não for suficiente para a quitação sequer dos juros, a determinação de lançamento dos juros vencidos e não pagos em conta separada, sujeita apenas à correção monetária, com o fim exclusivo de evitar a prática de anatocismo, encontra apoio na jurisprudência do STJ" (REsp 1.148.939-RS, j. 25-10-2011).

A imputação por indicação do credor ocorre quando o devedor não declara qual das dívidas quer pagar. O direito é exercido na própria quitação. Com efeito, dispõe o art. 353 do Código Civil que, "não tendo o devedor declarado em qual das dívidas líquidas e vencidas quer imputar o pagamento, se aceitar a quitação de uma delas, não terá direito a reclamar contra a imputação feita pelo credor, salvo provando haver ele cometido violência ou dolo".

Dá-se a imputação por determinação legal se o devedor não fizer a indicação do art. 352, e a quitação for omissa quanto à imputação (CC, art. 355). Verifica-se, assim, que o credor que não fez a imputação no momento de fornecer a quitação não poderá fazê-lo posteriormente, verificando-se, então, a imputação legal. Os critérios desta são os seguintes: a) havendo capital e juros, o pagamento imputar-se-á primeiro nos juros vencidos (CC, art. 354); b) entre dívidas vencidas e não vencidas, a imputação far-se-á nas primeiras; c) se algumas forem líquidas e outras ilíquidas, a preferência recairá sobre as primeiras, segundo a ordem de seu vencimento (CC, art. 355); d) se todas forem líquidas e vencidas ao mesmo tempo, considerar-se-á paga a mais onerosa, conforme estatui o mesmo dispositivo legal.

Mais onerosa é, por exemplo, a que rende juros, comparativamente à que não os produz; a cujos juros são mais elevados, em relação à de juros módicos; a sobre a qual pesa algum gravame, como hipoteca ou outro direito real, relativamente à que não contém tais ônus; a que pode ser cobrada pelo rito executivo, comparada à que enseja somente ação ordinária; a garantida por cláusula penal, em relação à que não prevê nenhuma sanção etc.

Não prevê o Código Civil nenhuma solução para a hipótese de todas as dívidas serem líquidas, vencidas ao mesmo tempo e igualmente onerosas. Não tem a jurisprudência, nesses casos, determinado a imputação na mais antiga, como pretendem alguns, mas aplicado, por analogia, a regra do art. 433, inciso IV, do Código Comercial, pelo qual, "sendo as dívidas da mesma data e de igual natureza, entende-se feito o pagamento por conta de todas em devida proporção".

Capítulo V

DA DAÇÃO EM PAGAMENTO

61 CONCEITO

A dação em pagamento é um acordo de vontades entre credor e devedor, por meio do qual o primeiro concorda em receber do segundo, para exonerá-lo da dívida, prestação diversa da que lhe é devida. Em regra, o credor não é obrigado a receber outra coisa, ainda que mais valiosa (CC, art. 313). No entanto, se aceitar a oferta de uma coisa por outra, caracterizada estará a dação em pagamento. Tal não ocorrerá se as prestações forem da mesma espécie.

Preceitua o art. 356 do Código Civil que "o credor pode consentir em receber prestação diversa da que lhe é devida". Essa substituição conhece várias modalidades. A *datio in solutum* (dação em pagamento) só não pode ter por objeto dinheiro de contado. Pode haver, mediante acordo, substituição de dinheiro por bem móvel ou imóvel, de coisa por outra, de coisa por fato, de dinheiro por título de crédito, de coisa por obrigação de fazer etc.

62 NATUREZA JURÍDICA

Verifica-se, pela redação do art. 356 do Código Civil, que a dação em pagamento é considerada uma forma de pagamento indireto. Entre nós, diferentemente do que ocorre no direito francês, não constitui novação objetiva, nem se situa entre os contratos.

De acordo com o art. 357 do mesmo diploma, "determinado o preço da coisa dada em pagamento, as relações entre as partes regular-se-ão pelas normas do contrato de compra e venda". Como ocorre uma verdadeira compra, e sendo idênticas as regras, responde o alienante pela evicção (CC, art. 359). Se quem entregou bem diverso em pagamento não for o verdadeiro dono, o que o aceitou tornar-se-á evicto. A quitação dada ficará sem efeito e perderá este o bem para o legítimo dono, restabelecendo-se a relação jurídica originária, inclusive a cláusula penal, ou seja, o débito continuará a existir, na forma inicialmente convencionada.

Se o objeto da prestação não for dinheiro e houver substituição por outra coisa, não haverá analogia com a compra e venda, mas com a troca ou permuta. Se for título de crédito a coisa dada em pagamento, a transferência importará em cessão (CC, art. 358). O fato deverá ser, por essa razão, notificado ao cedido, nos termos do art. 290 do mesmo diploma.

Na aplicação dos princípios da compra e venda, tem a jurisprudência proclamado a nulidade da dação em pagamento de todos os bens do devedor (CC, art. 548), bem como sua anulabilidade quando feita por ascendente a descendente sem o consentimento dos outros descendentes e do cônjuge do alienante (art. 496).

Capítulo VI

DA NOVAÇÃO

63 CONCEITO E REQUISITOS

Passaremos a estudar, agora, institutos que produzem o mesmo efeito do pagamento (sucedâneos do pagamento), sendo a novação e a compensação os mais importantes. A transação, que integrava este capítulo no Código Civil de 1916, foi deslocada, no atual diploma, para o título referente aos contratos em geral (Capítulo XIX, arts. 840 a 850).

Novação é a criação de obrigação nova, para extinguir uma anterior. É a substituição de uma dívida por outra, extinguindo-se a primeira. Ocorre, por exemplo, quando o pai, para ajudar o filho, procura o credor deste e lhe propõe substituir o devedor, emitindo novo título de crédito. Se o credor concordar, emitido o novo título e inutilizado o assinado pelo filho, ficará extinta a primitiva dívida, substituída pela do pai.

A novação não produz, como o pagamento, a satisfação imediata do crédito, sendo, pois, modo extintivo não satisfatório. Tem natureza contratual, operando-se em consequência de ato de vontade dos interessados, jamais por força de lei.

São requisitos da novação: a existência de obrigação anterior, a constituição de nova obrigação e a intenção de novar (*animus novandi*).

O primeiro requisito consiste na existência de obrigação jurídica anterior, visto que a novação visa exatamente à sua substituição. É necessário que seja válida a obrigação a ser novada. Dispõe, com efeito, o art. 367 do Código Civil: "Salvo as obrigações simplesmente anuláveis, não podem ser objeto de novação obrigações nulas ou extintas". Não se pode novar o que não existe, nem extinguir o que não produz efeitos jurídicos. A obrigação simplesmente anulável, entretanto, pode ser confirmada pela novação, pois tem existência, enquanto não rescindida judicialmente. Podendo ser confirmada, interpreta-se sua substituição como renúncia do interessado ao direito de pleitear a anulação.

As obrigações naturais não comportam novação, porque seu pagamento não pode ser exigido compulsoriamente. Não se pode revitalizar ou validar relação obrigacional juridicamente inexigível. A matéria, entretanto, é controvertida, havendo entendimentos contrários a este. As obrigações condicionais, contudo, podem ser novadas. A nova dívida poderá ser pura e simples, ou também condicional. No último caso, a validade da novação dependerá do implemento da condição estabelecida.

O segundo requisito é a constituição de nova dívida, para extinguir e substituir a anterior. A novação só se configura se houver diversidade substancial entre a dívida anterior e a nova. Não há novação quando se verifiquem alterações secundárias na dívida (exclusão de uma garantia, alongamento ou encurtamento do prazo, estipulação de juros etc.). A nova obrigação há de ser válida. Se for nula, ineficaz será a novação, subsistindo a antiga. Se anulável, e vier a ser anulada, restabelecida ficará a primitiva, porque a extinção é consequência da criação da nova. Desfeita esta, a anterior não desaparece.

O terceiro requisito diz respeito ao *animus novandi*. É imprescindível que o credor tenha a intenção de novar, pois importa renúncia ao crédito e aos direitos acessórios que o acompanham. Quando não manifestada expressamente, deve resultar de modo claro e inequívoco das circunstâncias que envolvem a estipulação. Na dúvida, entende-se que não houve novação, pois esta não se presume.

Dispõe, com efeito, o art. 361 do Código Civil: "Não havendo ânimo de novar, expresso ou tácito mas inequívoco, a segunda obrigação confirma simplesmente a primeira". Coexistem as duas dívidas, que, entretanto, não se excluem. Não ocorre novação, por exemplo, quando o credor simplesmente concede facilidades ao devedor, como a dilatação do prazo, o parcelamento do pagamento ou ainda a modificação da taxa de juros, pois a dívida continua a mesma, apenas modificada em aspectos secundários.

64 ESPÉCIES

Há três espécies de novação: a objetiva, a subjetiva e a mista. Na primeira, altera-se o objeto da prestação; na segunda, ocorre a substituição dos sujeitos da relação jurídica, no polo passivo ou ativo, com quitação do título anterior; na mista, ocorrem, simultaneamente, na nova obrigação, mudança do objeto e substituição das partes.

Dá-se a novação objetiva "quando o devedor contrai com o credor nova dívida para extinguir e substituir a anterior" (CC, art. 360, I). Ocorre, por exemplo, quando o devedor, não estando em condições de saldar dívida em dinheiro, propõe ao credor, que aceita, a substituição da obrigação por prestação de serviços.

Pode haver novação objetiva mesmo que a segunda obrigação consista também no pagamento em dinheiro, desde que haja alteração substancial em relação à primeira. É muito comum a obtenção, pelo devedor, de novação da dívida contraída junto ao banco, mediante pagamento parcial e renovação do saldo por novo prazo, com a emissão de outra nota promissória, nela se incluindo os juros do novo período, despesas bancárias, correção monetária etc., e com a quitação do título primitivo. A novação objetiva pode decorrer de mudança no objeto principal da obrigação, em sua natureza ou na causa jurídica (quando alguém, p. ex., deve a título de adquirente e passa a dever a título de mutuário).

A novação é subjetiva quando se dá a substituição dos sujeitos da relação jurídica. Pode ocorrer por substituição do devedor ("quando novo devedor sucede ao antigo, ficando este quite com o credor", segundo dispõe o art. 360, II, do Código Civil) ou por substituição do credor ("quando, em virtude de obrigação nova, outro credor é substituído ao antigo, ficando o devedor quite com este", nos termos do art. 360, III, do mesmo diploma).

A novação subjetiva por substituição do devedor (novação passiva) "pode ser efetuada independente de consentimento deste" (CC, art. 362), e, nesse caso, denomina-se expromissão. Pode ser efetuada, ainda, por ordem ou com o consentimento do devedor, havendo nesse caso um novo contrato de que todos os interessados participam, dando seu consentimento. Ocorre, nessa hipótese, o fenômeno da delegação, não mencionado pelo Código, por desnecessário, já que este autoriza a substituição até mesmo sem o consentimento do devedor. Assim, o pai pode substituir o filho, na dívida por este contraída, com ou sem o consentimento deste. Só haverá novação se houver extinção da primitiva obrigação. Nesse caso, a delegação será perfeita. Se, todavia, o credor aceitar o novo devedor, sem renunciar ou abrir mão de seus direitos contra o primitivo devedor, não haverá novação e a hipótese será de delegação imperfeita.

Na novação subjetiva por substituição do devedor ocorre o fenômeno da cessão de débito, especialmente quando se trata de delegação, em que o devedor indica terceira pessoa para resgatar seu débito (mudança de devedor e também da obrigação). Mas a referida cessão pode ocorrer sem novação, ou seja, com a mudança do devedor e sem alteração na substância da relação obrigacional (cessão de financiamento para aquisição da casa própria, cessão de fundo de comércio etc.), hipótese esta disciplinada no atual Código Civil, nos arts. 299 a 303, sob o título "Da Assunção de Dívida" (*v.* Título II – "Da Transmissão das Obrigações" –, Capítulo II, *retro*).

Na novação ativa (por substituição do credor) ocorre um acordo de vontades, pelo qual muda a pessoa do credor. Mediante nova obrigação, o primitivo credor deixa a relação jurídica e outro lhe toma o lugar. Assim, o devedor se desobriga para com o primeiro, estabelecendo novo vínculo para com o segundo, pelo acordo dos três. Veja-se o exemplo: *A* deve para B, que deve igual importância a C. Por acordo entre os três, *A* pagará diretamente a C, sendo que B se retirará da relação jurídica. Extinto ficará o crédito de B em relação a *A*, por ter sido criado o de C em face de *A* (substituição de credor). Não se trata de cessão de crédito, porque surgiu dívida inteiramente nova. Extinguiu-se um crédito por ter sido criado outro. De certa forma se configurou uma assunção de dívida, pois *A* assumiu, perante C, dívida que era de B. Todavia, a hipótese não se confunde com a disciplinada no Código Civil, por ter havido novação.

A novação mista é expressão da doutrina, não mencionada no Código Civil. Decorre da fusão das duas primeiras espécies e se configura quando ocorre, ao mesmo tempo, mudança do objeto da prestação e dos sujeitos da relação jurídica obrigacional. Por exemplo: o pai assume dívida em dinheiro do filho (mudança de devedor), mas com a condição de pagá-la mediante a prestação de determinado serviço (mudança de objeto).

Parece-nos que o correto, no entanto, é considerar a existência de apenas duas espécies de novação, a objetiva e a subjetiva, visto que esta já engloba a que alguns autores denominam de mista. Efetivamente, para que se caracterize a novação subjetiva não basta que haja substituição dos sujeitos da relação jurídica, sendo necessária a criação de nova obrigação, sob pena de configurar-se uma cessão de crédito ou uma assunção de dívida.

Os arts. 363 e 365 referem-se à novação subjetiva por substituição do devedor. Diz o primeiro: "Se o novo devedor for insolvente, não tem o credor, que o aceitou, ação regressiva contra o primeiro, salvo se este obteve por má-fé a substituição".

A insolvência do novo devedor corre por conta e risco do credor, que o aceitou. Não tem direito a ação regressiva contra o primitivo devedor, mesmo porque o principal efeito da novação é extinguir a dívida anterior. Mas, em atenção ao princípio da boa-fé, que deve sempre prevalecer sobre a malícia, abriu-se a exceção, deferindo-se-lhe a ação regressiva contra o devedor, se este, ao obter a substituição, ocultou, maliciosamente, a insolvência de seu substituto na obrigação. A má-fé deste tem, pois, o condão de reviver a obrigação anterior, como se a novação fosse nula.

O art. 365 prescreve a exoneração dos devedores solidariamente responsáveis pela extinta obrigação anterior, estabelecendo que só continuarão obrigados se participarem da novação. Operada a novação entre o credor e apenas um dos devedores solidários, os demais, que não contraíram a nova obrigação, ficam por esse fato exonerados. Assim, extinta a obrigação antiga, exaure-se a solidariedade. Esta só se manterá se for também convencionada na última. Da mesma forma, "importa exoneração do fiador a novação feita sem seu consenso com o devedor principal" (CC, art. 366).

O lançamento em conta-corrente não constitui novação, mas uma transformação dos créditos em colunas do dever e haver, que serão apuradas ao final, somente no fechamento, ao apontar o verdadeiro e exigível saldo. Malgrado a regra seja a novação *total*, de todos os elementos da obrigação anterior, pela própria natureza do instituto, podem todavia as partes convencionar o que será extinto, desde que isso não contrarie a ordem pública, a função social dos contratos e a boa-fé objetiva.

65 EFEITOS

O principal efeito da novação consiste na extinção da primitiva obrigação, substituída por outra, constituída exatamente para provocar a referida extinção.

A novação extingue os acessórios e garantias da dívida sempre que não houver estipulação em contrário (CC, art. 364). Entre os primeiros encontram-se os juros e outras prestações cuja existência depende da dívida principal. Nas garantias incluem-se as reais, como o penhor, a anticrese e a hipoteca; e as pessoais, como a fiança. Incluem-se, também, os privilégios. Aduz o referido art. 364, na segunda parte, que "não aproveitará, contudo, ao credor ressalvar o penhor, a hipoteca ou a anticrese, se os bens dados em garantia pertencerem a terceiro que não foi parte na novação".

Capítulo VII

DA COMPENSAÇÃO

66 CONCEITO

Compensação é meio de extinção de obrigações entre pessoas que são, ao mesmo tempo, credor e devedor uma da outra. Acarreta a extinção de duas obrigações cujos credores são, simultaneamente, devedores um do outro. É modo indireto de extinção de obrigações, sucedâneo do pagamento, por produzir o mesmo efeito deste.

Prescreve, com efeito, o art. 368 do Código Civil: "Se duas pessoas forem ao mesmo tempo credor e devedor uma da outra, as duas obrigações extinguem-se, até onde se compensarem". A compensação visa a eliminar a circulação inútil da moeda, evitando duplo pagamento. Se, por exemplo, José é credor de João da importância de R$ 100.000,00 e este se torna credor do primeiro de igual quantia, as duas dívidas extinguem-se automaticamente, dispensando o duplo pagamento. Nesse caso, temos a compensação total. Se, no entanto, João se torna credor de apenas R$ 50.000,00, ocorre a compensação parcial.

67 ESPÉCIES

A compensação pode ser, como visto, total ou parcial. Pode ser, também, legal, convencional e judicial.

Compensação legal é a que decorre da lei. Opera-se automaticamente, de pleno direito. No mesmo instante em que o segundo crédito é constituído, extinguem-se as duas dívidas. O juiz apenas reconhece, declara sua configuração, desde que provocado, pois não pode ser proclamada de ofício. Pode ser arguida em contestação, em reconvenção e até mesmo nos embargos à execução (CPC, art. 535, VI). Nesta última hipótese, exige-se que a compensação seja fundada em execução aparelhada. Não existindo ação ou execução em andamento, pode ajuizar ação declaratória o devedor que desejar fazer reconhecer a compensação legal, que depende de alguns requisitos, como se verá adiante.

Compensação convencional é a que resulta de um acordo de vontades, incidindo em hipóteses que não se enquadram nas de compensação legal. As partes, de comum acordo, passam a aceitá-la, dispensando alguns de seus requisitos, como, por exemplo, a identidade de natureza ou a liquidez das dívidas. Pela convenção celebrada, dívida ilíquida ou não vencida passa a compensar-se com dívida líquida ou vencida, dívida de café com dívida em dinheiro etc. Sem ela, inocorreria compensação, pelo não preenchimento de todos os seus requisitos.

Compensação judicial é a determinada pelo juiz, nos casos em que se acham presentes os pressupostos legais. Ocorre principalmente nas hipóteses de procedência da ação e também da reconvenção. Se o autor cobra do réu a importância de R$ 100.000,00, e este cobra, na reconvenção, R$ 110.000,00, e ambas são julgadas procedentes, o juiz condenará o autor a pagar somente R$ 10.000,00, fazendo a compensação. O art. 86 do Código de Processo Civil também determina que, se cada litigante for em parte vencedor e vencido, sejam compensados entre eles os honorários advocatícios e as despesas.

68 REQUISITOS DA COMPENSAÇÃO LEGAL

Os requisitos da compensação legal, que valem também para a compensação judicial, são: a) reciprocidade das obrigações; b) liquidez e exigibilidade das dívidas; c) fungibilidade das prestações (dívidas da mesma natureza).

O primeiro requisito é, pois, a existência de obrigações e créditos recíprocos, isto é, entre as mesmas partes, visto que a compensação provoca a extinção de obrigações pelo encontro de direitos opostos. O terceiro não interessado, por exemplo, embora possa pagar em nome e por conta do devedor (CC, art. 304, parágrafo único), não pode compensar a dívida com eventual crédito que tenha em face do credor. A lei abre, no entanto, uma exceção em favor do fiador, atendendo ao fato de se tratar de terceiro interessado, permitindo que alegue, em seu favor, a compensação que o devedor (afiançado) poderia arguir perante o credor (CC, art. 371, 2ª parte).

Preceitua o art. 376 do mesmo diploma que uma pessoa, obrigando-se por terceiro, "não pode compensar essa dívida com a que o credor dele lhe dever". A regra não se confunde com a do citado art. 371, e se aplica precipuamente aos contratos com estipulação em favor de terceiro. Assim, quem se obriga (seguradora, p. ex.) em favor de terceiro (beneficiário) não lhe paga o que lhe prometeu, mas sim o que prometeu ao estipulante (contratante). É em virtude de obrigação contraída com este que a seguradora realiza o pagamento ao terceiro. Não há, pois, reciprocidade entre a seguradora e o beneficiário. Referido dispositivo aplica-se igualmente à hipótese de o mandante dever ao credor, que por sua vez deve ao mandatário. Inexiste a reciprocidade dos débitos.

O segundo requisito é a liquidez e exigibilidade das dívidas. Dispõe o art. 369 do Código Civil que "a compensação efetua-se entre dívidas líquidas, vencidas e de coisas fungíveis". Quanto à liquidez, somente se compensam dívidas cujo valor seja certo e determinado, expresso por uma cifra. Não pode o devedor de uma nota promissória opor compensação com base em crédito a ser futuramente apurado, se vencer ação de indenização que move contra o exequente. Não basta, porém, que as dívidas sejam líquidas. Exige-se que estejam vencidas. Nas obrigações condicionais, só é permitida a compensação após o implemento da condição. E, nas obrigações a termo, somente depois do vencimento deste. Mas os prazos de favor, embora consagrados pelo uso geral, não obstam a compensação legal (CC, art. 372).

Em terceiro lugar, é necessário que as prestações sejam fungíveis, da mesma natureza. Não basta que as obrigações tenham por objeto coisas fungíveis (dinheiro, café, milho etc.). É necessário que sejam fungíveis entre si. Assim, dívida em dinheiro só se compensa com outra dívida em dinheiro. Dívida consistente em entregar sacas de café só se compensa com outra dívida cujo objeto também seja a entrega de sacas de café. Não se admite a compensação de dívida em dinheiro com dívida em café.

A restrição legal vai além: "embora sejam da mesma natureza as coisas fungíveis, objeto das duas prestações, não se compensarão, verificando-se que diferem na qualidade, quando especificada no contrato" (CC, art. 370). Nessa conformidade, se uma das dívidas for de café tipo "A" (qualidade especificada), só se compensará com outra dívida também de café tipo "A".

69 DÍVIDAS NÃO COMPENSÁVEIS

Em alguns casos especiais, não se admite a compensação. A exclusão pode ser convencional ou legal. No primeiro caso, o obstáculo é criado pelas próprias partes. De comum acordo, credor e devedor excluem-na (exclusão bilateral, permitida no art. 375 do Código Civil, 1ª parte). Admite-se, também, a renúncia unilateral. Com efeito, não cabe compensação havendo renúncia prévia de um dos devedores (art. 375, 2ª parte), ou seja, quando uma das partes abre mão do direito eventual de arguir a compensação. É necessário, porém, que os requisitos da compensação não estejam ainda presentes. Caso contrário, já estará concretizada. Mesmo assim, qualquer dos devedores ainda pode renunciar a seus efeitos, respeitados os direitos de terceiros.

A exclusão legal decorre, em alguns casos, da causa de uma das dívidas, e, em outros, da qualidade de um dos devedores. Em regra, a diversidade de causa não impede a compensação das dívidas. Se ambas são da mesma natureza (em dinheiro, p. ex., líquidas e vencidas), compensam-se ainda que a causa de uma delas seja o mútuo e a da outra uma compra e venda. O art. 373 do Código Civil, que traz essa regra, consigna, no entanto, algumas exceções: "I – se provier de esbulho, furto ou roubo; II – se uma se originar de comodato, depósito, ou alimentos; III – se uma for de coisa não suscetível de penhora".

Na primeira hipótese, a razão é de ordem moral: esbulho, furto e roubo constituem atos ilícitos. Na segunda, a razão está na causa do contrato: comodato e depósito baseiam-se na confiança mútua, somente se admitindo o pagamento mediante restituição da própria coisa emprestada ou depositada. Ninguém pode apropriar-se da coisa alegando compensação, pois a obrigação de restituir não desaparece. Além disso, as dívidas não seriam homogêneas, mas de natureza diversa. No caso do depósito há uma exceção: o art. 638 do Código Civil expressamente permite a compensação, "se noutro depósito se fundar". As dívidas alimentares, obviamente, não podem ser objeto de compensação porque sua satisfação é indispensável para a subsistência do alimentando. Permiti-la seria privar o hipossuficiente do mínimo necessário a seu sustento. Por último, não se opera a compensação se uma das dívidas se relaciona a coisa insuscetível de penhora. É que a compensação pressupõe dívida judicialmente exigível. Não se compensa, por exemplo, crédito proveniente de salários, que são impenhoráveis, com outro de natureza diversa.

Quanto à qualidade de um dos devedores recíprocos, dispunha o art. 1.017 do Código Civil de 1916 que não podiam ser objeto de compensação as dívidas fiscais da União, dos Estados e dos Municípios, exceto autorização prevista nas leis e regulamentos. O art. 170 do Código Tributário Nacional repete a regra, afirmando que a lei pode atribuir à autoridade administrativa poderes para autorizar a compensação de créditos tributários com créditos líquidos e certos, do sujeito passivo contra a Fazenda Pública, nas condições e sob as garantias que estipular. Não se tratando de dívidas fiscais, mas de natureza diversa, do sujeito passivo contra a Fazenda Pública, a compensação era amplamente admitida. O Código de 2002, inovando, passou a admitir, no art. 374, a compensação de "dívidas fiscais e parafiscais", dispondo que tal matéria seria por ele regida. Todavia, o aludido dispositivo foi revogado pela Medida Provisória n. 104, de 1º de janeiro de 2003, que se converteu na Lei n. 10.677, de 22 de maio de 2003.

Também não se admite compensação em prejuízo do direito de terceiro. O devedor que se torne credor de seu credor, depois de penhorado o crédito deste, não pode opor ao exequente a compensação, de que contra o próprio credor disporia (CC, art. 380). Sendo modo abreviado de pagamento, a compensação não pode prejudicar terceiros estranhos à operação.

70 REGRAS PECULIARES

O art. 1.020 do Código Civil de 1916 tratava da compensação nas obrigações solidárias e dispunha: "O devedor solidário só pode compensar com o credor o que este deve a seu coobrigado, até ao equivalente da parte deste na dívida comum". Admitia, assim, que o devedor solidário, cobrado, compensasse com o credor o que este devia a seu coobrigado, mas só até o limite da quota deste na dívida comum. Embora, no débito solidário, cada devedor responda pela dívida inteira perante o credor, entre eles, no entanto, cada qual só deve a sua quota. O legislador, no dispositivo em questão, levou em consideração o princípio da reciprocidade, que deve existir entre os coobrigados solidários, pois o escolhido pelo credor tem ação regressiva contra os demais, para cobrar de cada um a respectiva quota. Malgrado o atual Código Civil não contenha dispositivo igual a esse, o princípio da reciprocidade, acolhido neste capítulo, bem como as normas atinentes às obrigações solidárias (arts. 264 a 285), autorizam a solução de casos futuros com base na referida regra. Desse modo, se o credor cobra, por exemplo, R$ 90.000,00 do devedor solidário "A", este pode opor a compensação com aquilo que o credor deve ao coobrigado "C": R$ 50.000,00, por exemplo. Como, no entanto, a quota de cada devedor solidário ("A", "B" e "C") na dívida comum é R$ 30.000,00 (R$ 90.000,00 dividido por três), a compensação é circunscrita a esse valor (R$ 30.000,00), pois cessa a reciprocidade das obrigações no que excedê-lo. Assim, o coobrigado "A", cobrado, pagará ao credor somente R$ 60.000,00 (R$ 90.000,00 – R$ 30.000,00).

O art. 377 do Código Civil trata da compensação na cessão de crédito, prescrevendo: "O devedor que, notificado, nada opõe à cessão que o credor faz a terceiros dos seus direitos, não pode opor ao cessionário a compensação, que antes da cessão teria podido opor ao cedente. Se, porém, a cessão lhe não tiver sido notificada, poderá opor ao cessionário compensação do crédito que antes tinha contra o cedente".

O devedor, que pode contrapor compensação ao credor, ao ser notificado por este da cessão do crédito a terceiro (cessionário), deve opor-se a ela, cientificando o cessionário da exceção que iria apresentar ao cedente. Como não há reciprocidade de débitos entre o devedor e o cessionário, se não se opuser à cessão, que lhe é notificada, estará o primeiro tacitamente renunciando ao direito de compensar. Assim acontecendo, passará a ser devedor do cessionário, embora continue credor do cedente.

O art. 378 do mesmo diploma autoriza o desconto das despesas ocorridas em compensação de débitos, quando estes não forem pagáveis no mesmo lugar. E o artigo seguinte determina a aplicação das normas fixadas para a imputação do pagamento, quando houver pluralidade de débitos suscetíveis de compensação.

Capítulo VIII

DA CONFUSÃO

71 CONCEITO

A obrigação pressupõe a existência de dois sujeitos: o ativo e o passivo. Credor e devedor devem ser pessoas diferentes. Se essas duas qualidades, por alguma circunstância, encontrarem-se em uma só pessoa, extingue-se a obrigação, porque ninguém pode ser juridicamente obrigado para consigo mesmo ou propor demanda contra si próprio.

Em razão desse princípio, dispõe o art. 381 do Código Civil: "Extingue-se a obrigação, desde que na mesma pessoa se confundam as qualidades de credor e devedor". Na compensação, há dualidade de sujeitos, com créditos e débitos opostos, que se extinguem reciprocamente, até onde se defrontarem. Na confusão, reúnem-se numa só pessoa as duas qualidades, de credor e devedor, ocasionando a extinção da obrigação.

Em geral, a confusão resulta da herança. O caso mais comum é o do filho que deve ao pai e é sucessor deste. Morto o credor, o crédito transfere-se ao filho, que é exatamente o devedor. Opera-se, nesse caso, a confusão, desaparecendo a obrigação. Mas a confusão pode resultar, também, da cessão de crédito, do casamento pelo regime da comunhão universal de bens e da sociedade.

O fenômeno ocorre, igualmente, em outros ramos do direito, embora às vezes com outra denominação. No direito das coisas significa a reunião de coisas líquidas (art. 1.272) e é causa de extinção das servidões, pela reunião dos dois prédios no domínio da mesma pessoa (art. 1.389, I), bem como extingue o usufruto, pela consolidação (art. 1.410, VI), quando o usufrutuário adquire o domínio do bem, por ato *inter vivos* ou *causa mortis*.

72 ESPÉCIES

A confusão pode verificar-se a respeito de toda a dívida, ou só de parte dela (CC, art. 382). Pode ser, portanto, total ou parcial. Na última, o credor não recebe a totalidade da dívida, por não ser o único herdeiro do devedor. Por exemplo, os sucessores do credor são dois filhos e o valor da quota recebida pelo descendente devedor é menor do que o de sua dívida.

A confusão operada na pessoa do credor ou devedor solidário só extingue a obrigação até a concorrência da respectiva parte no crédito, ou na dívida, subsistindo quanto ao mais a solidariedade (CC, art. 383). Em se tratando de obrigação solidária passiva, e na pessoa de um só dos devedores reunirem-se as qualidades de credor e devedor, a confusão operará somente até a concorrência da quota deste. Se ativa a solidariedade, a confusão será também parcial ou imprópria (em contraposição à confusão própria, abrangente da totalidade do crédito), permanecendo, quanto aos demais, a solidariedade.

73 EFEITOS

A confusão extingue não só a obrigação principal como também os acessórios, como a fiança, por exemplo. Mas a recíproca não é verdadeira. A obrigação principal, contraída pelo devedor, permanece se a confusão operar-se nas pessoas do credor e do fiador. Extingue-se a fiança, mas não a obrigação. Igualmente se houver confusão entre fiador e devedor: desaparece a garantia, mas subsiste a obrigação principal.

Porém, "cessando a confusão, para logo se restabelece, com todos os seus acessórios, a obrigação anterior" (CC, art. 384). O fenômeno pode acontecer, por exemplo, no caso de abertura da sucessão provisória em razão da declaração de ausência e posterior aparecimento do presumidamente morto, ou ainda em caso de anulação de testamento já cumprido. Nessas hipóteses, não se pode falar que a confusão efetivamente extinguiu a obrigação, mas que somente a neutralizou ou paralisou, até ser restabelecida por um fato novo.

Capítulo IX

DA REMISSÃO DAS DÍVIDAS

74 CONCEITO

Remissão é a liberalidade efetuada pelo credor, consistente em exonerar o devedor do cumprimento da obrigação. É o perdão da dívida. Nesse sentido dispõe o art. 385 do Código Civil: "A remissão da dívida, aceita pelo devedor, extingue a obrigação, mas sem prejuízo de terceiro". Aduz o art. 386 do mesmo diploma que "a devolução voluntária do título da obrigação, quando por escrito particular, prova a desoneração do devedor e seus coobrigados, se o credor for capaz de alienar, e o devedor, capaz de adquirir".

Incumbe ao devedor provar que foi o próprio credor quem espontaneamente lhe efetuou a entrega. Embora o art. 324 declare que a entrega do título ao devedor firma a presunção de pagamento, sua posse, na hipótese de ter havido remissão, não é suficiente, devendo ser complementada pela prova da entrega voluntária, efetuada pelo credor.

A remissão é espécie do gênero renúncia. Embora esta seja unilateral, aquela se reveste de caráter convencional, porque depende de aceitação. O remitido pode recusar o perdão e consignar o pagamento. A renúncia é, também, mais ampla, podendo incidir sobre certos direitos pessoais de natureza não patrimonial, enquanto a remissão é peculiar aos direitos creditórios.

75 ESPÉCIES

A remissão pode ser expressa ou tácita. A primeira resulta de declaração do credor, em instrumento público ou particular, por ato *inter vivos* ou *causa mortis*, perdoando a dívida. A remissão tácita decorre do comportamento do credor, incompatível com sua qualidade de credor. Resulta, por exemplo, da "devolução voluntária do título da obrigação" ao devedor, conforme preceitua o art. 386 supratranscrito.

Exige-se a efetiva e voluntária entrega do título pelo próprio credor ou por quem o represente, e não por terceiro. Contudo, a restituição voluntária do objeto empenhado prova a renúncia do credor somente à garantia real, mas não a extinção da dívida (CC, art. 387). Assim, se o credor devolve ao devedor o trator dado em penhor, entende-se que renunciou somente à garantia, não ao crédito.

A remissão concedida a um dos codevedores "extingue a dívida na parte a ele correspondente; de modo que, ainda reservando o credor a solidariedade contra os outros, já lhes não pode cobrar o débito sem dedução da parte remitida" (CC, art. 388). Também preceitua o art. 262 do mesmo diploma que, sendo indivisível a obrigação, se um dos credores remitir a dívida, a obrigação não ficará extinta para com os outros; mas estes só a poderão exigir descontada a quota do credor remitente.

Quadro sinótico – III – Sucedâneos do pagamento

A) Novação

<table>
<tr><td>1. Conceito</td><td colspan="2">Novação é a criação de obrigação nova, para extinguir uma anterior. É a substituição de uma dívida por outra, extinguindo-se a primeira.</td></tr>
<tr><td>2. Requisitos</td><td colspan="2">a) Existência de obrigação jurídica anterior.
b) Constituição de nova obrigação.
c) Intenção de novar (animus novandi).</td></tr>
<tr><td rowspan="3">3. Espécies</td><td colspan="2">a) Novação objetiva (art. 360, I): quando nova dívida substitui a anterior, permanecendo as mesmas partes.</td></tr>
<tr><td>b) Novação subjetiva</td><td>– Passiva (art. 360, II): com substituição do devedor (expromissão: sem o consentimento deste; delegação: com o consentimento deste).
– Ativa (art. 360, III): com substituição do credor.</td></tr>
<tr><td colspan="2">c) Novação mista: admitida por alguns doutrinadores. Decorre da fusão das duas primeiras.</td></tr>
<tr><td>4. Efeitos</td><td colspan="2">a) O principal efeito consiste na extinção da primitiva obrigação, substituída por outra.
b) A novação extingue os acessórios e garantias da dívida, sempre que não houver estipulação em contrário (art. 364).
c) Não aproveitará, contudo, ao credor ressalvar o penhor, a hipoteca ou a anticrese, se os bens dados em garantia pertencerem a terceiro que não foi parte na novação (art. 364, 2ª parte).
d) A nova obrigação não tem nenhuma vinculação com a anterior, senão a de uma força extintiva.</td></tr>
</table>

B) Compensação

1. Conceito	Compensação é meio de extinção de obrigações entre pessoas que são, ao mesmo tempo, credor e devedor uma da outra. Acarreta a extinção de duas obrigações cujos credores são, simultaneamente, devedores um do outro (art. 368).	
2. Espécies	Total: quando as duas dívidas têm o mesmo valor. Parcial: quando os valores são diversos. Legal. Convencional. Judicial.	
3. Compensação legal	Conceito	É a que decorre da lei. Opera-se automaticamente, de pleno direito.
	Requisitos	a) Reciprocidade das obrigações. Abre-se exceção em favor do fiador (art. 371, 2ª parte). b) Liquidez e exigibilidade das dívidas (art. 369). c) Fungibilidade das prestações (dívidas da mesma natureza).
4. Compensação convencional	É a que resulta de um acordo de vontades, incidindo em hipóteses que não se enquadram na compensação legal. As partes passam a aceitá-la, dispensando alguns de seus requisitos.	
5. Compensação judicial	É a determinada pelo juiz, nos casos em que se acham presentes os pressupostos legais (CPC, art. 86, p. ex.).	
6. Diversidade de causa	Em regra, a diversidade de causa não impede a compensação das dívidas. Exceções: a) se provier de esbulho, furto ou roubo (origem ilícita); b) se uma se originar de comodato, depósito ou alimentos; c) se uma for de coisa não suscetível de penhora (art. 373).	

C) Confusão

1. Conceito	Na confusão, reúnem-se numa só pessoa as duas qualidades, de credor e devedor, ocasionando a extinção da obrigação (art. 381).
2. Espécies	a) Confusão total ou própria: se se verificar a respeito de toda a dívida. b) Confusão parcial ou imprópria: se se efetivar apenas em relação a uma parte do débito ou crédito.
3. Efeitos	– A confusão extingue não só a obrigação principal como também os acessórios, como a fiança, p. ex. Mas a recíproca não é verdadeira. – Cessando, porém, a confusão, para logo se restabelece, com todos os acessórios, a obrigação anterior (art. 384).

D) Remissão das dívidas

1. Conceito	Remissão é a liberalidade efetuada pelo credor, consistente em exonerar o devedor do cumprimento da obrigação. É o perdão da dívida (art. 385).
2. Natureza jurídica	Embora seja espécie do gênero renúncia, que é unilateral, a remissão se reveste de caráter convencional, porque depende de aceitação. O remitido pode recusar o perdão e consignar o pagamento. É, portanto, negócio jurídico bilateral.
3. Espécies	a) Total ou parcial (art. 388). b) Expressa ou tácita (art. 386).

Título IV
DO INADIMPLEMENTO DAS OBRIGAÇÕES

Capítulo I
DISPOSIÇÕES GERAIS

76 A OBRIGATORIEDADE DOS CONTRATOS

De acordo com o secular princípio da obrigatoriedade dos contratos (*pacta sunt servanda*), os contratos devem ser cumpridos. O não cumprimento acarreta, em consequência, a responsabilidade por perdas e danos. É o que preceitua o art. 389 do Código Civil: "Não cumprida a obrigação, responde o devedor por perdas e danos, mais juros e atualização monetária segundo índices oficiais regularmente estabelecidos, e honorários de advogado".

Nas hipóteses de não cumprimento da obrigação e de cumprimento imperfeito, com inobservância do modo e do tempo convencionados, a consequência é a mesma: o nascimento da obrigação de indenizar o prejuízo causado ao credor. Nas obrigações negativas "o devedor é havido por inadimplente desde o dia em que executou o ato de que se devia abster" (CC, art. 390). A satisfação das perdas e danos tem por finalidade recompor a situação patrimonial da parte lesada pelo inadimplemento contratual. Por isso, devem elas ser proporcionais ao prejuízo efetivamente sofrido. Se, em vez do inadimplemento, ocorrer apenas mora, sendo, portanto, ainda proveitoso para o credor o cumprimento da obrigação, responderá o devedor pelos prejuízos decorrentes do retardamento, nos termos do art. 395 do mesmo diploma.

A responsabilidade civil é patrimonial: "Pelo inadimplemento das obrigações respondem todos os bens do devedor" (CC, art. 391).

A redação do art. 389, supratranscrito, pressupõe o não cumprimento voluntário da obrigação, ou seja, culpa. Em princípio, pois, todo inadimplemento presume-se culposo. Incumbe ao inadimplente elidir tal presunção, demonstrando a ocorrência do fortuito e da força maior (CC, art. 393).

77 CONTRATOS BENÉFICOS E ONEROSOS

Estatui o art. 392 do Código Civil que, "nos contratos benéficos, responde por simples culpa o contratante, a quem o contrato aproveite, e por dolo aquele a quem não favoreça. Nos contratos onerosos, responde cada uma das partes por culpa, salvo as exceções previstas em lei".

Contratos benéficos ou gratuitos são aqueles em que apenas um dos contratantes aufere benefício ou vantagem. Para o outro há só obrigação, sacrifício (doações puras, p. ex.). Aquele responde por simples culpa. É corrente que a culpa, mesmo levíssima, obriga a indenizar. O outro, a quem o contrato não beneficia, mas somente impõe deveres, só responde por dolo. Mesmo não auferindo benefícios do contrato, responde pelos danos causados dolosamente ao outro contratante, porque não se permite a ninguém, deliberadamente, descumprir obrigação livremente contraída.

Como a culpa grave ao dolo se equipara (*culpa lata dolus equiparatur*), pode-se afirmar que responde apenas por dolo ou culpa grave aquele a quem o contrato não favorece; e até por culpa leve ou levíssima o que é por ele beneficiado. Assim, o comodatário, por exemplo, beneficiado pelo contrato, responde por perdas e danos se não conservar, em razão de culpa leve ou levíssima, a coisa emprestada como se sua própria fora (CC, art. 582).

Nos contratos onerosos, em que ambos obtêm proveito, ao qual corresponde um sacrifício, respondem os contratantes tanto por dolo como por culpa, em igualdade de condições, "salvo as exceções previstas em lei" (art. 392, 2ª parte).

78 CASO FORTUITO E FORÇA MAIOR

O caso fortuito e a força maior constituem excludentes da responsabilidade civil, contratual ou extracontratual, pois rompem o nexo de causalidade. Prescreve o art. 393 do Código Civil que "o devedor não responde pelos prejuízos resultantes de caso fortuito ou força maior, se expressamente não se houver por eles responsabilizado". É lícito, porém, às partes, por cláusula expressa, convencionar que a indenização será devida em qualquer hipótese de inadimplemento contratual, ainda que decorrente do fortuito ou força maior.

Aduz o parágrafo único do citado art. 393 que "o caso fortuito ou de força maior verifica-se no fato necessário, cujos efeitos não era possível evitar ou impedir". Como se vê, não faz distinção entre um e outro. Em geral, a expressão caso fortuito é empregada para designar fato ou ato alheio à vontade das partes, como greve, motim, guerra etc. E força maior para os fenômenos naturais, como raio, tempestade, terremoto etc. Há várias teorias que procuram distinguir as duas excludentes e realçar seus traços peculiares. O legislador preferiu, no entanto, não fazer nenhuma distinção no aludido parágrafo único, mencionando as duas expressões como sinônimas. Percebe-se que o traço característico das referidas excludentes é a inevitabilidade, é estar o fato acima das forças humanas.

Na lição da doutrina exige-se, para a configuração do caso fortuito ou força maior, a presença dos seguintes requisitos: a) o fato deve ser necessário, não determinado por culpa do devedor, pois, se há culpa, não há caso fortuito; reciprocamente, se há caso fortuito, não pode haver culpa, na medida em que um exclui o outro; b) o fato deve ser superveniente e inevitável; c) o fato deve ser irresistível, fora do alcance do poder humano.

Quadro sinótico – Inadimplemento das obrigações

1. Obrigatoriedade dos contratos	– De acordo com o secular princípio da obrigatoriedade dos contratos (*pacta sunt servanda*), estes devem ser cumpridos. O não cumprimento acarreta a responsabilidade por perdas e danos (art. 389). – A responsabilidade civil é patrimonial: "pelo inadimplemento das obrigações respondem todos os bens do devedor" (art. 391). – A redação do art. 389 pressupõe o não cumprimento voluntário da obrigação, ou seja, culpa. Em princípio, pois, todo inadimplemento presume-se culposo. Incumbe ao inadimplente elidir tal presunção, demonstrando a ocorrência do fortuito e da força maior (art. 393).

2. Contratos benéficos e onerosos	– Contratos benéficos são aqueles em que apenas um dos contratantes aufere benefício ou vantagem. Nesses contratos, "responde por simples culpa o contratante, a quem o contrato aproveite, e por dolo aquele a quem não favoreça". – Como a culpa grave ao dolo se equipara, pode-se afirmar que responde apenas por dolo ou culpa grave aquele a quem o contrato não favorece. – Nos contratos onerosos, respondem os contratantes tanto por dolo como por culpa, em igualdade de condições, "salvo as exceções previstas em lei" (art. 392, 2ª parte).
3. Caso fortuito e força maior	– O caso fortuito e a força maior constituem excludentes da responsabilidade civil, pois rompem o nexo de causalidade (art. 393). – A lei não faz distinção. Em geral, porém, a expressão caso fortuito é empregada para designar fato ou ato alheio à vontade das partes, como greve, motim, guerra etc. E força maior, para os fenômenos naturais, como raio, tempestade etc. – O traço característico das referidas excludentes é a inevitabilidade, é estar o fato acima das forças humanas (art. 393, parágrafo único).
4. Requisitos para a sua configuração	a) O fato deve ser necessário, não determinado por culpa do devedor. b) O fato deve ser superveniente e inevitável. c) O fato deve ser irresistível, fora do alcance do poder humano.

Capítulo II

DA MORA

79 CONCEITO

Mora é o retardamento ou o imperfeito cumprimento da obrigação. Preceitua o art. 394 do Código Civil: "considera-se em mora o devedor que não efetuar o pagamento e o credor que não quiser recebê-lo no tempo, lugar e forma que a lei ou a convenção estabelecer".

Configura-se, portanto, não só quando há retardamento, atraso no cumprimento da obrigação, mas também quando este se dá na data estipulada, mas de modo imperfeito, ou seja, em lugar ou forma diversa da convencionada. Para sua existência, basta que um dos requisitos mencionados no aludido art. 394 esteja presente, não se exigindo a concorrência dos três. Nem sempre a mora deriva de descumprimento de convenção. Pode decorrer também de infração à lei, como na prática de ato ilícito (CC, art. 398).

80 MORA E INADIMPLEMENTO ABSOLUTO

Diz-se que há mora quando a obrigação não foi cumprida no tempo, lugar e forma convencionados ou devidos, mas ainda poderá sê-lo, com proveito para o credor. Ainda interessa a este receber a prestação, acrescida dos juros, atualização dos valores monetários, cláusula penal etc. (CC, arts. 394 e 395).

Se, no entanto, a prestação, por causa do retardamento, ou do imperfeito cumprimento, tornar-se inútil ao credor, a hipótese será de inadimplemento absoluto, e este poderá enjeitá-la, bem como exigir a satisfação das perdas e danos (CC, art. 395, parágrafo único). Embora os dois institutos sejam espécies do gênero inadimplemento, ou inexecução, das obrigações, diferem no ponto referente à existência ou não, ainda, de utilidade ou proveito ao credor. Havendo, a hipótese será de mora; não havendo, será de inadimplemento absoluto.

Como exemplo desta última pode ser mencionado o atraso no fornecimento de salgados e doces encomendados para festa de casamento. De nada adiantará a promessa da devedora de entregá-los no dia seguinte, porque a prestação será inútil ao credor, que poderá enjeitá-la e pleitear perdas e danos. Quando, no entanto, alguém atrasa o pagamento de uma parcela do preço, na venda a prazo, ainda interessa ao credor seu recebimento, com o acréscimo das perdas e danos. Trata-se de simples mora.

Em ambos os casos, a consequência será a mesma: o devedor que não efetuar o pagamento e o credor que não quiser recebê-lo no tempo, lugar e forma convencionados ou devidos responderão pelo ressarcimento dos prejuízos a que a sua mora der causa (CC, art. 395), isto é, por perdas e danos. Também responde por estas o devedor absolutamente inadimplente (CC, art. 395, parágrafo único, e art. 389).

Essa é a primeira semelhança entre os dois institutos. A segunda reside no fato de que, nos dois casos, a obrigação de reparar o prejuízo depende de existência de culpa do devedor moroso ou inadimplente. É certo que todo inadimplemento se presume culposo. Mas este poderá afastar tal presunção, demonstrando que a inexecução da obrigação teve por causa o fortuito ou força maior e não eventual culpa de sua parte.

A propósito, tem decidido o Superior Tribunal de Justiça: "A cobrança de encargos indevidos pelo credor afasta a mora do devedor, nos termos do entendimento pacificado na Segunda Seção desta Corte" (EREsp 163.884-RS, 4ª T., rel. Min. Asfor Rocha, *DJU*, 6-6-2005). Nesse sentido o Enunciado 354 da IV Jornada de Direito Civil (STJ-CJF): "A cobrança de encargos e parcelas indevidas ou abusivas impede a caracterização da mora do devedor".

Mas, por outro lado, a Súmula 380 do Superior Tribunal de Justiça proclama: "A simples propositura da ação de revisão do contrato não inibe a caracterização da mora do autor".

Se o elemento culpa (fato ou omissão imputável ao devedor) é necessário para a caracterização da mora deste, conforme dispõe o art. 396 do Código Civil, tal não ocorre com a do credor. Se aquele oferece a prestação oportunamente, configura-se a mora deste, se não a recebe, independentemente de culpa. O primeiro deixa de responder pelos riscos da coisa (ainda que o último não a tenha recebido por motivo alheio à sua vontade), por ter oferecido o pagamento quando se tornou exigível. A questão, no entanto, ainda se mostra controvertida, entendendo alguns que a culpa constitui elemento essencial para a caracterização da mora do credor, que ficará afastada mediante a demonstração da existência de justa causa para a recusa.

81 ESPÉCIES DE MORA

Há duas espécies de mora: a do devedor e a do credor. A primeira é denominada mora *solvendi* (mora de pagar) ou *debitoris* (mora do devedor); a segunda, mora *accipiendi* (mora de receber) ou *creditoris* (mora do credor).

81.1. MORA DO DEVEDOR

81.1.1. ESPÉCIES

Configura-se a mora do devedor quando se dá o descumprimento da obrigação por parte deste. Pode ser de duas espécies: mora *ex re* (em razão de fato previsto na lei) e *ex persona*.

Os acontecimentos que acarretam a mora *ex re* encontram-se nos arts. 397 (*caput*) e 398 do Código Civil. O diploma de 1916 incluía nesse rol as obrigações negativas (art. 961). Nestas, todavia, a mora se confunde com o próprio inadimplemento da obrigação, porquanto qualquer ato realizado em violação da obrigação acarreta o seu descumprimento. É o caso de alguém que se obrigou a não revelar um segredo, por exemplo, e o revelou. Essa impropriedade foi corrigida no Código de 2002, que não trata mais das obrigações negativas no capítulo concernente à mora, mas no art. 390.

O primeiro fato que acarreta a mora *ex re* do devedor é "o inadimplemento da obrigação, positiva e líquida, no seu termo". Segundo dispõe o art. 397, *caput*, do Código Civil, tal evento "constitui de pleno direito em mora o devedor". Portanto, quando a obrigação é positiva (dar ou fazer) e líquida (de valor certo), com data fixada para o pagamento, seu descumprimento acarreta, automaticamente, sem necessidade de qualquer providência do credor, a mora do devedor (*ex re*), segundo a máxima romana *dies interpellat pro homine* (o dia do vencimento interpela pelo homem, isto é, interpela o devedor, pelo credor).

Não havendo termo, ou seja, data estipulada, "a mora se constitui mediante interpelação, judicial ou extrajudicial" (art. 397, parágrafo único). Trata-se da mora *ex persona*, que depende de providência do credor. Se o comodato, por exemplo, foi celebrado por dois anos, vencido esse prazo o comodatário incorrerá em mora de pleno direito (*ex re*), ficando sujeito a ação de reintegração de posse, como esbulhador. Se, no entanto, não foi fixado prazo de duração do comodato, a mora do comodatário se configurará depois de interpelado ou notificado, pelo comodante, com o prazo de trinta dias (*ex persona*). Somente depois de vencido esse prazo será considerado esbulhador.

No tocante à notificação extrajudicial por meio de Cartório de Títulos e Documentos, o Enunciado n. 427 da V Jornada de Direito Civil admite que o ato seja praticado fora da Comarca de domicílio do devedor. Esse também o entendimento do Superior Tribunal de Justiça (cf. REsp 1.283.834-BA, 2ª Seção, j. 29-2-2012).

Para proteger pessoas que adquirem imóveis loteados em prestações, dispôs o Decreto-lei n. 58/37, no art. 14, ao regulamentar os loteamentos, que só incorrerão elas em mora depois de notificadas, judicialmente ou pelo Cartório de Registro de Imóveis, com o prazo de trinta dias, mesmo que o valor das parcelas seja certo e tenham data fixada para o pagamento. Desse modo, ainda que estejam atrasadas no pagamento de diversas prestações, terão a oportunidade de efetuar o pagamento, no prazo da notificação. O legislador transformou, nesse caso, em mora *ex persona* a que, pelo sistema do Código Civil, seria mora *ex re*. Referida regra foi reiterada no art. 32 da Lei n. 6.766/79, que regula atualmente os loteamentos urbanos (Lei do Parcelamento do Solo Urbano).

Por sua vez, o Decreto-lei n. 745/69 contém norma semelhante, impedindo a rescisão do compromisso de compra e venda de imóvel não loteado, mesmo que contenha cláusula resolutiva expressa, sem a prévia notificação (notificação premonitória) do compromissário, judicial ou pelo Cartório de Títulos e Documentos, com o prazo de quinze dias. Proclama a Súmula 76 do Superior Tribunal de Justiça que "a falta de registro do compromisso de compra e venda de imóvel não dispensa a prévia interpelação para constituir em mora o devedor". Embora o art. 240 do Código de Processo Civil disponha que a citação válida constitui em mora o devedor, é necessária a interpelação quando a lei exigir que seja prévia, como nos casos citados.

Em segundo lugar, acarreta também a mora *ex re* a prática de um ato ilícito. Proclama o art. 398 do Código Civil que, "nas obrigações provenientes de ato ilícito, considera-se o devedor em mora, desde que o praticou". Os juros da mora são devidos desde a data do fato. Dispõe a Súmula 54 do Superior Tribunal de Justiça que "os juros moratórios fluem a partir do evento danoso, em caso de responsabilidade extracontratual".

81.1.2. REQUISITOS

São pressupostos da mora *solvendi*: a) exigibilidade da prestação, ou seja, o vencimento de dívida líquida e certa; b) inexecução culposa (o inadimplemento, por si, faz presumir a culpa do devedor, salvo prova, por ele produzida, de caso fortuito ou força maior); c) constituição em mora (somente quando *ex persona*, sendo desnecessária se for *ex re*, pois o dia do vencimento já interpela o devedor – *dies interpellat pro homine*).

81.1.3. EFEITOS

Os principais efeitos da mora do devedor são: a) responsabilização por todos os prejuízos causados ao credor, nos termos do art. 395 do Código Civil. O credor pode exigir, além da prestação, juros moratórios, correção monetária, cláusula penal e a reparação de qualquer outro prejuízo que houver sofrido, se não optar por enjeitá-la, no caso de ter-se-lhe tornado inútil, reclamando perdas e danos (art. 395, parágrafo único); b) perpetuação da obrigação (CC, art. 399), pela qual responde o devedor moroso pela impossibilidade da prestação, ainda que decorrente de caso fortuito ou de força maior (o que não aconteceria, segundo a regra geral, se a impossibilidade provocada pelo fortuito surgisse antes da mora, quando a obrigação do devedor se resolveria sem lhe acarretar qualquer ônus).

A alegação de ausência de culpa no perecimento da coisa não aproveita ao devedor, porque sua responsabilidade decorre precisamente do fato de não ter cumprido a obrigação em tempo oportuno.

A expressão "salvo se provar isenção de culpa", constante do mencionado art. 399 do Código Civil, é defeituosa, pois se o devedor provar tal isenção não haverá mora, e, portanto, estará livre das consequências desta.

Na realidade, a única escusa admissível é a de que o dano sobreviria ainda quando a obrigação fosse desempenhada em tempo. Costuma-se mencionar o clássico exemplo em que ambas as casas, a do devedor e a do credor, foram destruídas por um raio, com todos os objetos existentes em seu interior, na pendência da mora. Nesse caso, teria sobrevindo dano à coisa, de qualquer forma, ou seja, mesmo que a obrigação de restituir tivesse sido cumprida a tempo.

81.2. MORA DO CREDOR

81.2.1. REQUISITOS

A mora do credor decorre do retardamento em receber a prestação. São seus pressupostos: a) vencimento da obrigação, pois antes disso a prestação não é exigível, e, em consequência, o devedor não pode ser liberado; b) oferta da prestação, reveladora do efetivo propósito de satisfazer a obrigação; c) recusa injustificada em receber; d) constituição em mora, mediante a consignação em pagamento.

81.2.2. EFEITOS

Estatui o art. 400 do Código Civil que "a mora do credor subtrai o devedor isento de dolo à responsabilidade pela conservação da coisa, obriga o credor a ressarcir as despesas empregadas em conservá-la, e sujeita-o a recebê-la pela estimação mais favorável ao devedor, se o seu valor oscilar entre o dia estabelecido para o pagamento e o da sua efetivação".

Assim, se o devedor não agir com dolo ante a mora do credor, isentar-se-á da responsabilidade pela conservação da coisa objeto do pagamento, ficando liberado dos juros e da pena convencional. O credor arcará com o ressarcimento das despesas decorrentes de sua conservação. Procede com dolo o devedor que, em face da mora do credor, deixa a coisa em abandono. Exige a lei que tenha um mínimo de cuidados com a sua conservação, pois lhe assegura o direito ao reembolso das despesas que efetuar. Faculta-lhe, também, o direito de consignar o pagamento.

O credor em mora responde ainda por eventual oscilação do preço. Terá de receber o objeto pela estimação mais favorável ao devedor. Se, por exemplo, aumentar o preço da arroba do gado no mercado, arcará com a diferença. Evidentemente, não poderá ser beneficiado por sua culpa se houver desvalorização da coisa no período da mora.

82 MORA DE AMBOS OS CONTRATANTES

Quando as moras são simultâneas (nenhum dos contratantes comparece ao local escolhido de comum acordo para pagamento, p. ex.), uma elimina a outra, pela compensação. As situações permanecem como se nenhuma das duas partes houvesse incorrido em mora. Se ambas nela incidem, nenhuma pode exigir da outra perdas e danos.

Quando as moras são sucessivas, permanecem os efeitos pretéritos de cada uma. Assim, por exemplo, se, num primeiro momento, o credor não quer receber o que o devedor se dispõe a pagar, e, mais tarde, este não quiser mais pagar, quando aquele se dispõe a receber, a situação será a seguinte: quando afinal o pagamento for realizado e também forem apurados os prejuízos, cada um responderá pelos ocorridos nos períodos em que a mora foi sua, operando-se a compensação. Os danos que a mora de cada uma das partes haja causado à outra, em determinado período, não se cancelam pela mora superveniente da outra parte, pois cada um conserva seus direitos.

83 PURGAÇÃO E CESSAÇÃO DA MORA

Purgar ou emendar a mora é neutralizar seus efeitos. Aquele que nela incidiu corrige, sana sua falta, cumprindo a obrigação já descumprida e ressarcindo os prejuízos causados à outra parte. Mas a purgação só poderá ser feita se a prestação ainda for proveitosa ao credor. Se, em razão do retardamento, tornou-se inútil ao outro contraente (caso de inadimplemento absoluto), ou a consequência legal ou convencional for a resolução, não será possível mais pretender a emenda da mora.

O art. 401 do Código Civil estabelece, em dois incisos, os modos pelos quais se dá a purgação da mora pelo devedor e pelo credor. A do devedor concretiza-se mediante a oferta da prestação atrasada mais os prejuízos decorrentes do dia da oferta (inc. I), como os juros moratórios, a cláusula penal e outros eventualmente ocorridos. Por parte do credor, purga-se a mora "oferecendo-se este a receber o pagamento e sujeitando-se aos efeitos da mora até a mesma data" (inc. II). Deve o retardatário dispor-se a receber o pagamento, que antes recusara, e a ressarcir as despesas empregadas pelo devedor na conservação da coisa, bem como a responder por eventual oscilação do preço (CC, art. 400).

No tocante ao momento em que a mora deve ser purgada, tem sido afastado o rigor de se exigir a imediata consignação do pagamento, sem se admitir qualquer prorrogação. Predomina hoje o entendimento de que a purgação pode ocorrer a qualquer tempo, contanto que não cause dano à outra parte. Nem mesmo a mora do devedor, já operada, afasta a possibilidade da consignação, se ainda não produziu consequências irreversíveis, ou seja, se o credor dela não extraiu os efeitos jurídicos que em tese comporta.

Assim, se, "apesar do protesto de cambial representativa de prestação, a credora não rescindiu o pacto e nem executou o débito, nada obsta que a alegada recusa das prestações seguintes permita a utilização da consignatória" (*RT*, 685:92; *RJTJSP*, 125:86). Tem-se entendido, portanto, que a ação consignatória tanto pode destinar-se à prevenção da mora como à sua emenda.

Não se confunde purgação com cessação da mora. Esta não depende de um comportamento ativo do contratante moroso, destinado a sanar sua falta ou omissão. Decorre, na realidade, da extinção da obrigação. Assim, por exemplo, se o devedor em mora tem suas dívidas fiscais anistiadas, deixa de estar em mora, sem que tenha cumprido a prestação e indenizado os prejuízos causados à outra parte. Não houve purgação, mas cessação da mora. Esta produz efeitos pretéritos, ou seja, afasta os já produzidos: o devedor nada terá de pagar. A purgação da mora só produz efeitos futuros, não apagando os pretéritos, já produzidos.

Quadro sinótico – Mora

<table>
<tr><td>1. Conceito</td><td colspan="2">Mora é o retardamento ou o cumprimento imperfeito da obrigação. Configura-se não só quando há atraso no cumprimento da obrigação, mas também quando este se dá na data estipulada, mas de modo imperfeito, ou seja, em lugar ou forma diversa da convencionada (art. 394).</td></tr>
<tr><td>2. Mora e inadimplemento absoluto</td><td colspan="2">a) Há mora quando a obrigação não foi cumprida no tempo, lugar e forma convencionados, mas ainda poderá sê-lo, com proveito para o credor. Ainda interessa a este receber a prestação com os acréscimos legais (art. 395).
b) A hipótese será de inadimplemento absoluto se a prestação tornar-se inútil ao credor. Este poderá enjeitá-la e exigir perdas e danos (art. 395, parágrafo único). Em ambos os casos, o devedor responde por perdas e danos.</td></tr>
<tr><td>3. Espécies de mora</td><td colspan="2">a) Mora do devedor (solvendi ou debitoris).
b) Mora do credor (accipiendi ou creditoris).
c) Mora de ambos os contratantes.</td></tr>
<tr><td rowspan="3">4. Mora do devedor</td><td>Espécies</td><td>a) Mora ex re (arts. 397, caput, e 398).
b) mora ex persona (art. 397, parágrafo único).</td></tr>
<tr><td>Requisitos</td><td>a) Exigibilidade da prestação, ou seja, o vencimento de dívida líquida e certa.
b) Inexecução culposa da obrigação (art. 396).
c) Constituição em mora (somente quando ex persona, pois, se for ex re, o dia do vencimento já interpela o devedor: dies interpellat pro homine).</td></tr>
<tr><td>Efeitos</td><td>a) Responsabilização por todos os prejuízos causados ao credor (art. 395).
b) Perpetuação da obrigação (art. 399), pela qual responde o devedor moroso pela impossibilidade da prestação, ainda que decorrente de caso fortuito ou de força maior.</td></tr>
<tr><td rowspan="2">5. Mora do credor</td><td>Requisitos</td><td>a) Vencimento da obrigação.
b) Oferta da prestação.
c) Recusa injustificada em receber.
d) Constituição em mora, mediante a consignação em pagamento.</td></tr>
<tr><td>Efeitos</td><td>a) Liberação do devedor, isento de dolo, da responsabilidade pela conservação da coisa.
b) Obrigação do credor moroso de ressarcir ao devedor as despesas efetuadas com a conservação da coisa efetuada.
c) Obrigação do credor de receber a coisa pela sua mais alta estimação, se o valor oscilar entre o tempo do contrato e o do pagamento.
d) Possibilidade de consignação judicial da coisa devida.</td></tr>
</table>

6. Mora de ambos os contratantes	a) Quando simultâneas, uma elimina a outra, pela compensação. Se ambas as partes nela incidem, nenhuma pode exigir da outra perdas e danos. b) Quando sucessivas, permanecem os efeitos pretéritos de cada uma. Os danos que a mora de cada uma das partes haja causado não se cancelam pela mora superveniente da outra.
7. Purgação da mora	Purgar ou emendar a mora é neutralizar seus efeitos. Aquele que nela incidiu corrige, sana sua falta, cumprindo a obrigação já descumprida e ressarcindo os prejuízos causados à outra parte (art. 401).
8. Cessação da mora	Decorre da extinção da obrigação, por anistia, perdão etc., e não de um comportamento ativo do contratante moroso, destinado a sanar sua falta ou omissão. Produz efeitos pretéritos, ou seja, o devedor não terá de pagar a dívida vencida. A purgação da mora só produz efeitos futuros, não apagando os pretéritos, já produzidos.

Capítulo III

DAS PERDAS E DANOS

84 CONCEITO

O inadimplemento do contrato causa, em regra, dano ao contraente pontual. Pode ser material, por atingir e diminuir o patrimônio do lesado, ou simplesmente moral, ou seja, sem repercussão na órbita financeira deste. O Código Civil ora usa a expressão dano, ora prejuízo, ora perdas e danos.

A apuração dos prejuízos é feita por meio da liquidação, na forma determinada na lei processual (CC, art. 946). O Código Civil consigna um capítulo sobre a liquidação do dano decorrente da prática de ato ilícito (responsabilidade extracontratual), com o título "Da Indenização" (arts. 944 e s.). E, no capítulo ora em estudo, relativo às consequências do inadimplemento contratual, trata da extensão do dano em geral e de sua proporção. Dispõe o art. 402 que, "salvo as exceções expressamente previstas em lei, as perdas e danos devidos ao credor abrangem, além do que ele efetivamente perdeu, o que razoavelmente deixou de lucrar". Compreendem, pois, o dano emergente e o lucro cessante. Devem cobrir todo o prejuízo experimentado pela vítima.

Se um ônibus, por exemplo, é abalroado culposamente, deve o causador do dano ressarcir todos os prejuízos efetivamente sofridos por seu proprietário, incluindo-se as despesas com os reparos do veículo (dano emergente), bem como o que a empresa deixou de auferir no período em que permaneceu na oficina (lucro cessante). Apura-se, pericialmente, o lucro que a empresa obtinha por dia, e chega-se ao *quantum* que ela deixou de lucrar.

Quem pleiteia perdas e danos pretende, pois, obter indenização completa de todos os prejuízos sofridos e comprovados. Há casos em que o valor desta já vem estimado no contrato, como acontece quando se pactua a cláusula penal compensatória.

Como diretriz, o Código usa a expressão razoavelmente, ou seja, o que a vítima "razoavelmente deixou de lucrar". Referido advérbio significa que se deve admitir que o credor haveria de lucrar aquilo que o bom-senso diz que lucraria, ou seja, aquilo que é razoável supor que lucraria. A palavra efetivamente, utilizada no art. 402, está a significar que o dano emergente não pode ser presumido, devendo ser cumpridamente provado. O dano indenizável deve ser certo e atual. Não pode ser, pois, meramente hipotético ou futuro.

Acrescenta o art. 403 do mesmo diploma: "Ainda que a inexecução resulte de dolo do devedor, as perdas e danos só incluem os prejuízos efetivos e os lucros cessantes por efeito dela direto e imediato, sem prejuízo do disposto na lei processual". Trata-se de aplicação da teoria dos danos diretos e imediatos, formulada a propósito da relação de causalidade, que deve existir, para que se caracterize a responsabilidade do devedor. Assim, o devedor responde tão só pelos danos que se prendem a seu ato por um vínculo de necessariedade, não pelos resultantes de causas estranhas ou remotas.

85 OBRIGAÇÕES DE PAGAMENTO EM DINHEIRO

Segundo dispõe o art. 404 do Código Civil, "as perdas e danos, nas obrigações de pagamento em dinheiro, serão pagas com atualização monetária segundo índices oficiais regularmente estabelecidos, abrangendo juros, custas e honorários de advogado, sem prejuízo da pena convencional".

Se o credor não chegou a ingressar em juízo, o devedor pagará, além da multa, se estipulada, os juros moratórios e eventuais custas extrajudiciais, como, por exemplo, as despesas com o protesto dos títulos ou com as notificações efetuadas pelo cartório de títulos e documentos. Mas, se houve necessidade de ajuizar a competente ação de cobrança de seu crédito, o credor fará jus, ainda, ao reembolso das custas processuais, bem como à verba honorária, nos termos dos arts. 82, § 2º, e 85 do Código de Processo Civil.

Acrescenta o parágrafo único do supratranscrito art. 404 do atual diploma que, "provado que os juros da mora não cobrem o prejuízo, e não havendo pena convencional, pode o juiz conceder ao credor indenização suplementar". Os juros servem para indenizar as perdas e danos decorrentes do inadimplemento de obrigação em dinheiro (mais atualização monetária, custas e honorários). A inclusão do mencionado parágrafo único no novel Código atende a reclamo da doutrina, que considerava insuficiente o pagamento de juros.

O devedor em mora ou inadimplente responde também pela correção monetária do débito, segundo índices oficiais (CC, art. 404). A regra é salutar, pois evita o enriquecimento sem causa do devedor em detrimento do credor, uma vez que referida atualização não constitui nenhum *plus*, mas apenas modo de evitar o aviltamento da moeda em razão da inflação e do atraso no pagamento.

Dispõe, a respeito, a Súmula 562 do Supremo Tribunal Federal: "Na indenização de danos materiais decorrentes de ato ilícito cabe a atualização de seu valor, utilizando-se, para esse fim, dentre outros critérios, dos índices de correção monetária". Várias súmulas do Superior Tribunal de Justiça determinam o pagamento, pelo devedor, da correção monetária devida pelo atraso na solução da dívida.

Por fim, proclama o art. 405 do estatuto civil: "contam-se os juros de mora desde a citação inicial". Tal regra se aplica somente aos casos de inadimplemento e responsabilidade contratual, pois, nas obrigações provenientes de ato ilícito (responsabilidade extracontratual), "considera-se o devedor em mora, desde que o praticou" (CC, art. 398).

Quadro sinótico – Das perdas e danos

1. Conceito	Perdas e danos constituem o equivalente em dinheiro suficiente para indenizar o prejuízo suportado pelo credor, em virtude do inadimplemento do contrato pelo devedor, ou da prática, por este, de um ato ilícito (art. 403).
2. Conteúdo	As perdas e danos devidos ao credor abrangem, além do que ele efetivamente perdeu, o que razoavelmente deixou de lucrar, salvo as exceções expressamente previstas em lei (art. 402). Compreendem-se, pois, o dano emergente e o lucro cessante.
3. Obrigações de pagamento em dinheiro	– As perdas e danos, nas obrigações de pagamento em dinheiro, serão pagas com atualização monetária segundo índices oficiais regularmente estabelecidos, abrangendo juros, custas e honorários de advogado, sem prejuízo da pena convencional (art. 404). – Provado que os juros da mora não cobrem o prejuízo, e não havendo pena convencional, pode o juiz conceder ao credor indenização suplementar (art. 404, parágrafo único).

Capítulo IV

DOS JUROS LEGAIS

86 CONCEITO

Juros são os rendimentos do capital. São considerados frutos civis da coisa, assim como os aluguéis. Representam o pagamento pela utilização de capital alheio. Integram a classe das coisas acessórias (CC, art. 95).

87 ESPÉCIES

Há duas espécies de juros: compensatórios e moratórios.

Juros compensatórios, também chamados de remuneratórios ou juros-frutos, são os devidos como compensação pela utilização de capital pertencente a outrem. Resultam da utilização consentida de capital alheio. Moratórios são os incidentes em caso de retardamento em sua restituição ou de descumprimento de obrigação. Os primeiros devem ser previstos no contrato, estipulados pelos contratantes, não podendo exceder a taxa que estiver em vigor para a mora do pagamento de impostos devidos à Fazenda Nacional (CC, arts. 406 e 591), permitida somente a capitalização anual (art. 591, parte final).

Os moratórios, que são devidos em razão do inadimplemento e correm a partir da constituição em mora, podem ser convencionados ou não, sem que para isso exista limite previamente estipulado na lei. No primeiro caso denominam-se moratórios convencionais. A taxa, se não convencionada, será a referida pela lei. Dispõe, com efeito, o art. 406 do Código Civil: "Quando os juros moratórios não forem convencionados, ou o forem sem taxa estipulada, ou quando provierem de determinação da lei, serão fixados segundo a taxa que estiver em vigor para a mora do pagamento de impostos devidos à Fazenda Nacional".

Mesmo que os juros moratórios não sejam convencionados, serão sempre devidos à taxa legal. No Código Civil de 1916 essa taxa era de seis por cento ao ano, correspondente a meio por cento ao mês (art. 1.062). O atual diploma, contudo, equiparou-a à que estiver em vigor para a mora do pagamento de impostos devidos à Fazenda Nacional. Uma corrente doutrinária e jurisprudencial entende que a taxa de juros remuneratórios a que se refere o art. 406 é a do art. 161, § 1º, do CTN, ou seja, 1% ao mês. Denominam-se, nessa hipótese, moratórios legais. Mas o Superior Tribunal de Justiça consolidou a sua jurisprudência no sentido de que a taxa de juros legais deve ser calculada, atualmente, pelo sistema denominado SELIC, tendo em vista que o art. 406 do Código Civil reflete a intenção do legislador de adotar uma taxa de juros variável (ED 727.842-SP, Corte Especial, 20-11-2008). O principal argumento contrário à primeira corrente é que o Código Tributário Nacional, em seu art. 161, § 1º, dispõe que a taxa de juros será de 1% ao mês, "se a lei não dispuser de modo diverso". O citado dispositivo teria, assim, caráter supletivo e poderia ser afastado por lei ordinária, como a que instituiu o atual Código Civil. O referido entendimento "foi posteriormente confirmado em julgamento de processos submetidos ao rito de recurso repetitivo, de que trata o art. 543-C do CPC, com redação dada pela Lei n. 11.678/2008" (AgRg 1250598-SP, 2ª T., rel. Min. Humberto Martins, *DJE*, 7-5-2010).

Preceitua o art. 407 do Código Civil: "Ainda que se não alegue prejuízo, é obrigado o devedor aos juros da mora que se contarão assim às dívidas em dinheiro, como às prestações de outra natureza, uma vez que lhes esteja fixado o valor pecuniário por sentença judicial, arbitramento, ou acordo entre as partes". Desse modo, no caso de indenização em dinheiro por dano moral, os juros da mora incidem somente a partir da sentença que a arbitrou. Não há como considerar em mora o devedor, se ele não tinha como satisfazer obrigação pecuniária ainda não fixada (STJ, REsp 903.258, j. 21-6-2011).

Os juros moratórios, diferentemente do que ocorre com os compensatórios, são previstos como consequência do inadimplemento ou inexecução do contrato, ou de simples retardamento. A sentença que julgar procedente a ação pode neles condenar o vencido, mesmo que não tenha sido formulado pedido expresso na inicial, tendo-se em vista o disposto no art. 322 do Código de Processo Civil, que declara compreenderem-se no principal os juros legais. Proclama, ainda, a Súmula 254 do Supremo Tribunal Federal: "Incluem-se os juros moratórios na liquidação, embora omisso o pedido inicial ou a condenação".

O direito brasileiro permite a capitalização de juros ou anatocismo (juros sobre juros) desde 1850 (CC, art. 253), exigindo apenas, em determinadas épocas, convenção expressa das partes ou periodicidade mínima para incorporação dos juros ao principal. O Código Civil de 1916, no art. 1.262, permitia a capitalização, desde que por cláusula expressa, e sem limite de periodicidade – o que possibilitava a aplicação em prazos inferiores a um ano. A Lei da Usura (Dec. n. 22.626, de 7-4-1933) limitou-se a exigir a periodicidade anual para a incorporação dos juros ao principal, dizendo o art. 4º que a proibição de contar juros sobre juros "não compreende a acumulação de juros vencidos aos saldos líquidos em conta corrente de ano a ano". A Súmula 121 do Supremo Tribunal Federal proclama: "É vedada a capitalização de juros, ainda que expressamente convencionada". Mas o citado art. 591 do Código Civil, parte final, como visto, permite a capitalização anual. Nos termos da Lei n. 4.595/64, art. 4º, IX, as instituições financeiras podem praticar os juros no limite estabelecido pelo Conselho Monetário Nacional. Por essa razão é que há de estar provada essa autorização para a cobrança de juros acima do permitido na lei.

Os juros podem ser, ainda, simples e compostos. Os juros simples são sempre calculados sobre o capital inicial. Os compostos são capitalizados anualmente, calculando-se juros sobre juros, ou seja, os que forem computados passarão a integrar o capital. Pela Súmula 163 do Supremo Tribunal Federal, "salvo contra a Fazenda Pública, sendo a obrigação ilíquida, contam-se os juros moratórios desde a citação inicial para a ação". Assim também dispõe o art. 405 do Código Civil. Esse o critério seguido nos casos de responsabilidade contratual. Nos de responsabilidade extracontratual, pela prática de ato ilícito meramente civil, os juros são computados desde a data do fato (CC, art. 398). Prescreve a Súmula 54 do Superior Tribunal de Justiça: "Os juros moratórios fluem a partir do evento danoso, em caso de responsabilidade extracontratual".

Se, por exemplo, o passageiro de um ônibus sofre danos em decorrência de um acidente com o coletivo, os juros moratórios são devidos a partir da citação inicial, por se tratar de responsabilidade contratual (contrato de adesão, celebrado com a transportadora). Mas, se a vítima é um pedestre, que foi atropelado pelo ônibus, os juros são contados desde a data do fato (responsabilidade extracontratual).

A Segunda Seção da aludida Corte reafirmou a aplicação, no caso de atos ilícitos, da Súmula 54, segundo a qual os juros moratórios incidem desde a data do evento. Para o relator, Min. Sidnei Beneti, "diante de súmula deste Tribunal, a própria segurança jurídica, pela qual clama toda a sociedade brasileira, vem antes em prol da manutenção da orientação há tanto tempo firmada do que de sua alteração" (REsp 1.132.866-SP).

A fixação da incidência dos juros a partir da data do evento danoso, nos termos da aludida Súmula 54, foi determinada na premissa de que haveria uma única prestação pecuniária a ser paga, ou seja, de que a condenação seria quitada em parcela única. Entretanto, tratando de hipótese de obrigação continuada, com determinação de pagamento em parcelas sucessivas, como no caso de pensão mensal vitalícia, deve ser afastada a incidência de juros moratórios a partir da ocorrência do ato ilícito. Nesse caso, conforme decisão da 4ª Turma do Superior Tribunal de Justiça, os juros devem ser contabilizados a partir do vencimento de cada prestação, que ocorre mensalmente (rel. Min. Luís Felipe Salomão, disponível em <www.conjur.com.br>, 1º-8-2016).

A mesma Segunda Seção refutou a tese de que os valores cobrados indevidamente pelo banco deviam ser devolvidos com base na mesma taxa praticada no empréstimo pactuado, uma vez que só as instituições financeiras estão autorizadas a cobrar juros remuneratórios excedentes de um por cento ao mês. Ficou assentado que os danos a serem indenizados são aqueles decorrentes da tranferência não justificada de fundos do correntista para a instituição financeira (a respectiva quantia nominal e os juros remuneratórios de um por cento ao mês) e as despesas (juros e tarifas) que em função do correspondente saldo negativo o correntista teve de suportar (REsp 447.431MG, j. 28-3-2007).

Na cobrança fundada em cheque sem fundos os juros de mora incidem a contar da primeira apresentação da cártula. Proclamou, com efeito, a 4ª Turma do Superior Tribunal de Justiça que o credor de cheque sem fundos deve receber juros de mora a partir da data da primeira apresentação do título que tem seu pagamento negado pelo banco, como previsto no art. 52, II, da Lei n. 7.357/85 (Lei do Cheque). Assim decidindo, a referida Corte negou a pretensão de devedora que pretendia fazer com que os juros fossem cobrados apenas a partir da citação na ação de cobrança.

No referido julgamento, frisou o relator que a hipótese é de mora *ex re*, por se tratar de obrigação certa quanto à existência e determinada quanto ao objeto, prevista a constituição da mora na Lei do Cheque (REsp 1.354.934-RS, rel. Min. Luís Felipe Salomão, j. 20-8-2013).

Quadro sinótico – Juros legais

1. Conceito	Juros são os rendimentos do capital. São considerados frutos civis da coisa. Representam o pagamento pela utilização de capital alheio. Integram a classe das coisas acessórias (CC, art. 95).
2. Espécies	a) Compensatórios, também chamados de remuneratórios ou juros-frutos: são os devidos como compensação pela utilização de capital pertencente a outrem. Resultam da utilização consentida de capital alheio. b) Moratórios: são os incidentes em caso de retardamento em sua restituição ou de descumprimento de obrigação. Podem ser convencionais (art. 406) ou legais (art. 407). c) Simples: são sempre calculados sobre o capital inicial. d) Compostos: são capitalizados anualmente, calculando-se os juros sobre juros.

Capítulo V
DA CLÁUSULA PENAL

88 CONCEITO

Cláusula penal é obrigação acessória, pela qual se estipula pena ou multa destinada a evitar o inadimplemento da principal, ou o retardamento de seu cumprimento. É também denominada pena convencional ou multa contratual. Adapta-se aos contratos em geral e pode ser inserida, também, em negócios jurídicos unilaterais, como o testamento, para compelir, por exemplo, o herdeiro a cumprir fielmente o legado.

Pode ser estipulada conjuntamente com a obrigação principal, ou em ato posterior (CC, art. 409), sob a forma de adendo. Embora geralmente seja fixada em dinheiro, algumas vezes toma outra forma, como a entrega de uma coisa, a abstenção de um fato ou a perda de algum benefício, como, por exemplo, de um desconto.

89 NATUREZA JURÍDICA

A pena convencional tem a natureza de um pacto secundário e acessório, pois sua existência e eficácia dependem da obrigação principal. Os arts. 411 a 413 do Código Civil distinguem a cláusula penal da obrigação principal. Por sua vez, o art. 409 do mesmo diploma prevê a possibilidade de ser estipulada em ato posterior, reconhecendo tratar-se de duas obrigações diversas. Desse modo, a invalidade da obrigação principal importa a da cláusula penal, mas a desta não induz a daquela, como preceitua o art. 184 do mesmo diploma. Resolvida a obrigação principal, sem culpa do devedor, resolve-se a cláusula penal. Os mencionados preceitos legais reiteram o princípio de que o acessório segue o principal. Assim, nulo o contrato de locação, por exemplo, nula será a cláusula penal nele inserida. Mas o contrário não é verdadeiro. Se somente esta for nula, e o contrato prevalecer, o lesado não perderá o direito à indenização das perdas e danos pelo direito comum, arcando contudo com o ônus da prova dos prejuízos alegados.

90 FUNÇÕES DA CLÁUSULA PENAL

A cláusula penal tem dupla função: a) atua como meio de coerção (intimidação), para compelir o devedor a cumprir a obrigação e, assim, não ter de pagá-la; e ainda b) como prefixação das perdas e danos (ressarcimento) devidos em razão do inadimplemento do contrato.

Com sua estipulação, expressam os contratantes a intenção de livrar-se dos incômodos da comprovação dos prejuízos e de sua liquidação. A convenção que a estabeleceu pressupõe a existência de prejuízo decorrente do inadimplemento e prefixa seu valor. Desse modo, basta ao credor provar o inadimplemento, ficando dispensado da prova do prejuízo, para que tenha direito a multa. É o que proclama o art. 416 do Código Civil: "Para exigir a pena convencional, não é necessário que o credor alegue prejuízo".

Aduz o parágrafo único do aludido dispositivo: "Ainda que o prejuízo exceda ao previsto na cláusula penal, não pode o credor exigir indenização suplementar se assim não foi convencionado. Se o tiver feito, a pena vale como mínimo da indenização, competindo ao credor provar o prejuízo excedente". O devedor não pode eximir-se de cumprir a cláusula penal a pretexto de ser excessiva, pois seu valor foi fixado de comum acordo, em quantia reputada suficiente para reparar eventual prejuízo decorrente de inadimplemento. Da mesma forma, não pode o credor pretender aumentar seu valor, a pretexto de ser insuficiente. Resta-lhe, nesse caso, deixar de lado a cláusula penal e pleitear perdas e danos, que abrangem o dano emergente e o lucro cessante. O ressarcimento do prejuízo será, então, integral. A desvantagem é que terá de provar o prejuízo alegado. Se optar por cobrar a cláusula penal, estará dispensado desse ônus. Mas o ressarcimento pode não ser integral, se o *quantum* fixado não corresponder ao valor dos prejuízos.

Sustentavam alguns que, nesse caso, poderia a diferença ser cobrada, a título de perdas e danos. Entretanto, a razão estava com aqueles que afirmavam não ser possível, em face da lei, cumular a multa com outras perdas e danos, devendo o credor fazer a opção por uma delas, como veio a constar expressamente do citado parágrafo único do art. 416 do atual Código Civil. Ressalva-se somente a hipótese de ato doloso do devedor, caso em que a indenização há de cobrir o ato lesivo em toda a sua extensão.

Proclama o art. 408 do mesmo diploma incorrer de pleno direito o devedor na cláusula penal, desde que, culposamente, deixe de cumprir a obrigação ou se constitua em mora. A cláusula penal é a prefixação das perdas e danos resultantes de culpa contratual, apenas. Assim, se há outros prejuízos decorrentes de culpa extracontratual, seu ressarcimento pode ser pleiteado, independentemente daquela.

Decidiu o Superior Tribunal de Justiça:

"1. A obrigação de indenizar é corolário natural daquele que pratica ato lesivo ao interesse ou direito de outrem. Se a cláusula penal compensatória funciona como prefixação das perdas e danos, o mesmo não ocorre com a cláusula penal moratória, que não compensa nem substitui o inadimplemento, apenas pune a mora.

2. Assim, a cominação contratual de uma multa para o caso de mora não interfere na responsabilidade civil decorrente do retardo no cumprimento da obrigação que já deflui naturalmente do próprio sistema.

3. O promitente comprador, em caso de atraso na entrega do imóvel adquirido, pode pleitear, por isso, além da multa moratória expressamente estabelecida no contrato, também o cumprimento, mesmo que tardio, da obrigação e ainda a indenização correspondente aos lucros cessantes pela não fruição do imóvel durante o período da mora da promitente vendedora" (REsp 1.355.554-RJ, 3ª T., rel. Min. Sidnei Beneti, j. 6-12-2012).

Reafirmando esse posicionamento, frisou a referida Corte que a multa compensatória exclui indenização por perdas e danos. A referida multa "funciona a um só tempo como punição pelo descumprimento e como compensação previamente fixada pelos próprios contratantes pelas perdas e danos decorrentes desse mesmo inadimplemento. Se as próprias partes já acordaram previamente o valor que entendem suficiente para recompor os prejuízos experimentados em caso de inadimplemento, não se pode admitir que, além desse valor, ainda seja acrescido outro, com fundamento na mesma justificativa: a recomposição de prejuízos" (REsp 1.335.617-SP, 3ª T., rel. Min. Sidnei Beneti, *DJE*, 22-4-2014).

91 VALOR DA CLÁUSULA PENAL

Simples alegação de que a cláusula penal é elevada não autoriza o juiz a reduzi-la. Entretanto, sua redução pode ocorrer em dois casos: a) quando ultrapassar o limite legal; b) nas hipóteses do art. 413 do estatuto civil.

O limite legal da cláusula penal, mesmo sendo compensatória, é o valor da obrigação principal, que não pode ser excedido pelo estipulado naquela (CC, art. 412). Se tal acontecer, o juiz determinará sua redução, não declarando a ineficácia da cláusula, mas somente do excesso. Algumas leis limitam o valor da cláusula penal moratória a dez por cento da dívida ou da prestação em atraso, como o Decreto-lei n. 58/37 e a Lei n. 6.766/79, que regulamentam o compromisso de compra e venda de imóveis loteados, e o Decreto n. 22.626/33, que reprime a usura. O Código de Defesa do Consumidor limita a dois por cento do valor da prestação a cláusula penal moratória estipulada em contratos que envolvam outorga de crédito ou concessão de financiamento ao consumidor (art. 52, § 1º). Em qualquer desses casos, e em muitos outros, o juiz reduzirá, na ação de cobrança, o valor da pena convencional aos referidos limites.

Apesar de a irredutibilidade constituir um dos traços característicos da cláusula penal, por representar a fixação antecipada das perdas e danos, de comum acordo, dispõe o art. 413 do Código Civil que "a penalidade deve ser reduzida equitativamente pelo juiz se a obrigação principal tiver sido cumprida em parte, ou se o montante da penalidade for manifestamente excessivo, tendo-se em vista a natureza e a finalidade do negócio". Considerou o legislador, assim, justa a redução do montante da multa, compensatória ou moratória, quando a obrigação tiver sido satisfeita em parte, dando ao devedor que assim procede tratamento diferente do conferido àquele que desde o início nada cumpriu. Ao mesmo tempo impôs ao juiz o dever de reprimir abusos, se penalidade convencionada for manifestamente excessiva, desproporcional à natureza e à finalidade do negócio.

A disposição é de ordem pública, podendo a redução ser determinada de ofício pelo magistrado, como proclama o Enunciado 356 aprovado na IV Jornada de Direito Civil (STJ/CJF), *verbis*: "Nas hipóteses previstas no art. 413 do Código Civil, o juiz deverá reduzir a cláusula penal de ofício". Parece-nos, todavia, que tal enunciado se aplica somente aos casos de cumprimento parcial da obrigação. Se o montante da penalidade for manisfestamente excessivo, deve ser aberta a dilação probatória, tendo em vista a necessidade de se apurar e analisar a "natureza e a finalidade do negócio". O art. 924 do Código Civil de 1916, correspondente ao citado art. 413 do diploma de 2002, não obrigava o juiz a efetuá-la, pois o preceito legal encerrava mera faculdade ("poderá"). Em regra, era considerada a boa-fé do devedor, bem como eventual vantagem auferida pelo credor com a execução parcial do contrato. Se o devedor, por exemplo, cumprira durante um ano o contrato de locação, celebrado por dois anos, podia o juiz reduzir o valor da multa pela metade, se verificasse não ter ele agido com o propósito de prejudicar o outro contratante, sendo justificável o motivo alegado para o inadimplemento parcial.

Para alguns, a norma do citado art. 924 era de caráter dispositivo e podia, desse modo, ser alterada pela vontade das partes, por estar em jogo apenas o interesse particular. Assim, consideravam válida a cláusula, inserida no contrato, pela qual o valor da pena convencional não poderia ser reduzido em caso de cumprimento parcial de avença. Prevalecia, contudo, o entendimento de que se tratava de disposição cogente, de ordem pública, não podendo as partes retirar do juiz a faculdade, que lhes era outorgada pela lei, de reduzir o valor da multa, proporcionalmente ao cumprimento parcial do contrato.

O art. 413 do atual Código Civil não dispõe que a penalidade "poderá", mas sim que "deve" ser reduzida pelo magistrado, nas hipóteses mencionadas, retirando o caráter facultativo da redução e acentuando a natureza pública e o caráter cogente da norma.

Enfatizou o Superior Tribunal de Justiça que o Código de 2002 passou a determinar que o juiz deve (no lugar de "pode") reduzir equitativamente a penalidade prevista no contrato, se parte da obrigação já tiver sido cumprida, ou se o montante da pena for manifestamente excessivo. Segundo o relator, "mesmo antes da entrada em vigor do diploma de 2002, tanto a doutrina quanto a jurisprudência evidenciavam evolução na interpretação do art. 924 do CC/1916, no sentido de reconhecer como um dever judicial, e não apenas como uma possibilidade facultativa, a redução da cláusula penal nos casos mencionados. Assim, ainda que o contrato tenha sido celebrado antes da entrada em vigor do novo CC, a regra anterior deve ser interpretada de modo a recomendar ao juiz a redução da cláusula penal, para preservar a função social do contrato, afastando o desequilíbrio contratual e o enriquecimento sem causa" (REsp 1.212.159).

A mesma Corte reiterou, d'outra feita: "Nos termos da jurisprudência do Superior Tribunal de Justiça, é lícito ao julgador reduzir a multa convencional se evidenciada sua excessividade, ainda que se trate de contrato firmado sob a égide do Código Civil de 1916, desde que cumprida, de modo parcial, a obrigação acordada" (STJ, Resp 1.334.034, disponível em: <www.conjur.com.br>, 22-3-2016).

92 ESPÉCIES DE CLÁUSULA PENAL

A cláusula penal pode ser compensatória e moratória. É da primeira espécie quando estipulada para a hipótese de total inadimplemento da obrigação (CC, art. 410). Por essa razão, em geral é de valor elevado, igual ou quase igual ao da obrigação principal. É da segunda espécie quando destinada: a) a assegurar o cumprimento de outra cláusula determinada; ou b) a evitar o retardamento, a mora (art. 411).

Alguns autores entendem que a cláusula penal é moratória somente no último caso, ou seja, quando destinada a evitar o atraso no cumprimento da obrigação. Entretanto, a classificação *supra* é a que mais se amolda aos arts. 410 e 411 do Código Civil, que assim as divide no tocante a seus efeitos. É de lembrar, ainda, que a mora pode caracterizar-se não só quando há retardamento no cumprimento da obrigação, mas também quando esta é cumprida de modo diverso do convencionado (CC, art. 394). Muitas vezes o interesse do credor é assegurar a observância de alguma cláusula especial (referente a determinada característica da coisa, p. ex.). Se a obrigação for cumprida, mas de forma diversa da convencionada (não observada a característica exigida), a cláusula penal estipulada para esse caso será moratória.

Embora rara a hipótese, um contrato pode conter três cláusulas penais de valores diferentes: uma, de valor elevado, para o caso de total inadimplemento da obrigação (compensatória); outra, para garantir o cumprimento de alguma cláusula especial, como, por exemplo, a cor ou o modelo do veículo adquirido (moratória); e outra, ainda, somente para evitar atraso (também moratória).

Quando o contrato não se mostra muito claro, costuma-se atentar para o montante da multa, a fim de apurar a natureza da disposição. Se de valor elevado, próximo do atribuído à obrigação principal, entende-se que foi estipulada para compensar eventual inadimplemento de toda a obrigação. Se, entretanto, seu valor é reduzido, presume-se que é moratória, porque os contratantes certamente não iriam fixar um montante modesto para substituir as perdas e danos decorrentes da inexecução total da avença. Tal critério, contudo, somente pode ser aplicado em caso de dúvida, por falta de clareza e precisão do contrato.

93 EFEITOS DA DISTINÇÃO ENTRE AS DUAS ESPÉCIES

Dispõe o art. 410 do Código Civil: "Quando se estipular a cláusula penal para o caso de total inadimplemento da obrigação, esta converter-se-á em alternativa a benefício do credor". O dispositivo proíbe a cumulação de pedidos.

A alternativa que se abre para o credor é: a) pleitear a pena compensatória, correspondente à fixação antecipada dos eventuais prejuízos; ou b) postular o ressarcimento das perdas e danos, arcando com o ônus de provar o prejuízo; ou, ainda, c) exigir o cumprimento da prestação. Não pode haver cumulação porque, em qualquer desses casos, o credor obtém integral ressarcimento, sem que ocorra o *bis in idem*. A expressão "a benefício do credor" significa que a escolha de uma das alternativas compete ao credor e não ao devedor. Não pode este dizer que prefere pagar o valor da cláusula penal a cumprir a prestação. Quem escolhe a solução é aquele, que pode optar por esta última, se o desejar.

Entretanto, quando a cláusula penal for moratória, "terá o credor o arbítrio de exigir a satisfação da pena cominada, juntamente com o desempenho da obrigação principal" (CC, art. 411). Como, nesse caso, o valor da pena convencional costuma ser reduzido, o credor pode cobrá-la, cumulativamente, com a prestação não satisfeita. É bastante comum devedores atrasarem o pagamento de determinada prestação e serem posteriormente cobrados pelo credor, que exige o valor da multa contratual (em geral, no montante de 10 ou 20% do valor cobrado), mais o da prestação não paga.

94 CLÁUSULA PENAL E INSTITUTOS AFINS

A cláusula penal apresenta semelhança com as perdas e danos, sendo ambas reduzidas a determinada soma em dinheiro, destinada a ressarcir os prejuízos sofridos pelo credor em virtude do inadimplemento do devedor. A diferença reside no fato de, na primeira, o valor ser antecipadamente arbitrado pelos próprios contratantes e, na segunda, ser fixado pelo juiz, com base nos prejuízos alegados e seguramente provados. As perdas e danos, por abrangerem o dano emergente e o lucro cessante (CC, art. 402), possibilitam o completo ressarcimento do prejuízo. O valor da cláusula penal, por se tratar de uma estimativa antecipada feita pelos contratantes, pode ficar aquém de seu real montante.

Não se confundem, igualmente, cláusula penal e multa simples (também denominada cláusula penal pura). Esta é constituída de determinada importância, que deve ser paga em caso de infração de certos deveres, como a imposta pelo empregador ao empregado, ao infrator das normas de trânsito etc. A multa simples não tem a finalidade de promover o ressarcimento de danos, nem tem relação com inadimplemento contratual, ao contrário da cláusula penal, que constitui prefixação da responsabilidade pela indenização decorrente da inexecução culposa da avença.

A multa penitencial é outro instituto que, embora guarde semelhança com a cláusula penal, dela se distingue nitidamente. Esta é instituída em benefício do credor. O art. 410 do Código Civil expressamente refere-se à alternativa "a benefício do credor". A este compete, pois, escolher entre cobrar a multa compensatória ou exigir o cumprimento da prestação. O devedor não pode preferir pagar a multa para não cumprir a prestação, se o credor optar por esta última solução. A multa penitencial, ao contrário, é estabelecida em favor do devedor. Caracteriza-se sempre que as partes convencionam que este terá a opção de cumprir a prestação devida ou pagar a multa. Entende-

-se que, nesse caso, pode o devedor, em vez de cumprir a prestação, exonerar-se mediante o pagamento de importância previamente fixada, de comum acordo.

A cláusula penal apresenta semelhanças com as arras penitenciais: ambas são de natureza acessória e têm por finalidade garantir o adimplemento da obrigação, constituindo seus valores prefixação das perdas e danos. Malgrado, diferenciam-se por diversas razões:

a) a cláusula penal atua como elemento de coerção, para evitar o inadimplemento contratual, mas as arras penitenciais, ao contrário, por admitirem o arrependimento, facilitam o descumprimento da avença. Sabem as partes que a pena é reduzida, consistindo somente na perda do sinal dado ou em sua devolução em dobro, nada mais podendo ser exigido a título de perdas e danos, como prescrevem o art. 420 do Código Civil e a Súmula 412 do Supremo Tribunal Federal;
b) a primeira pode ser reduzida pelo juiz, em caso de cumprimento parcial da obrigação ou de montante manifestamente excessivo, sendo que tal não ocorre com as arras;
c) a cláusula penal torna-se exigível somente se ocorrer o inadimplemento do contrato, enquanto as arras são pagas por antecipação;
d) aquela se aperfeiçoa com a simples estipulação no instrumento, nada mais sendo necessário para completá-la, nem mesmo a entrega de dinheiro ou de qualquer outro objeto – o que é indispensável para a configuração das arras penitenciais.

Guarda, ainda, afinidade com a cláusula penal o chamado abono de pontualidade. Trata-se de um desconto para o condômino, o locatário ou o aluno de universidade particular, por exemplo, que pagar, respectivamente, as despesas condominiais, o aluguel e a taxa escolar até o dia do vencimento. Por exemplo: o contrato prevê que, se a mensalidade escolar, no importe de R$ 1.000,00, for paga até o dia 5 do mês, haverá um desconto de 20%; se paga até o dia 10, o desconto será de 10%; e se paga na data do vencimento, dia 15, não haverá desconto. Entretanto, se houver atraso a multa moratória será de 10%.

O Tribunal de Justiça de São Paulo tem considerado indevida a cumulação, nos contratos, do referido abono com cláusula penal moratória, por importar previsão de dupla multa e alteração da real data de pagamento da prestação. Referido abono ostenta subliminarmente a natureza de evidente "multa moratória", porquanto tem o desiderato de infligir pena à impontualidade. Perfeitamente legal, no entanto, a estipulação de pontualidade em contrato de locação ou de prestação de serviço quando inexiste previsão de cumulação com multa moratória (TJSP, Ap. 992.090.665.693, j. 28-8-2009; Ap. 992.09.037291-2-Campinas, j. 23-2-2010).

95 CLÁUSULA PENAL E PLURALIDADE DE DEVEDORES

Quando a obrigação é indivisível e há pluralidade de devedores, basta que um só a infrinja para que a cláusula penal se torne exigível. Do culpado, poderá ela ser reclamada por inteiro. Mas dos demais codevedores só poderão ser cobradas as respectivas quotas. Com efeito, assim prescreve o art. 414 do Código Civil: "Sendo indivisível a obrigação, todos os devedores, caindo em falta um deles, incorrerão na pena; mas esta só se poderá demandar integralmente do culpado, respondendo cada um dos outros somente pela sua quota".

Aduz o parágrafo único que "aos não culpados fica reservada a ação regressiva contra aquele que deu causa à aplicação da pena". Desse modo, quem sofre, a final, as consequências da infração contratual é o próprio culpado, que terá de reembolsar os codevedores inocentes.

Quando a obrigação for divisível, só incorre na pena o devedor, ou herdeiro do devedor que a infringir, e proporcionalmente à sua parte na obrigação (CC, art. 415). Infringida a obrigação principal por um único devedor, ou pelo seu herdeiro, só o culpado responderá pela multa, proporcionalmente à parte que tiver na obrigação principal, pois a cláusula penal, de natureza acessória, segue a condição jurídica da principal.

Quadro sinótico – Cláusula penal

1. Conceito	Cláusula penal é obrigação acessória, pela qual se estipula pena ou multa destinada a evitar o inadimplemento da principal, ou o retardamento de seu cumprimento. É também denominada pena convencional ou multa contratual (art. 408).

2. Natureza jurídica	A pena convencional tem a natureza de um pacto secundário e acessório, pois sua existência e eficácia dependem da obrigação principal (arts. 409 e 411 a 413).
3. Funções	a) A principal função da cláusula penal é atuar como meio de coerção, para compelir o devedor a cumprir a obrigação. b) A função secundária é servir de prefixação das perdas e danos devidos em razão do inadimplemento do contrato.
4. Valor da cláusula penal	A redução da cláusula penal pode ocorrer em dois casos: a) quando ultrapassar o limite legal (art. 412); b) nas hipóteses previstas no art. 413 do estatuto civil.
5. Espécies	a) Compensatória: quando estipulada para a hipótese de total inadimplemento da obrigação (art. 410). b) Moratória – quando destinada a assegurar o cumprimento de outra cláusula determinada; – ou a evitar o retardamento, a mora (art. 411).
6. Efeitos da cláusula penal	a) Quando compensatória, abre-se para o credor a alternativa de: I) pleitear o valor da pena compensatória; ou II) postular o ressarcimento das perdas e danos, arcando com o ônus de provar o prejuízo; ou III) exigir o cumprimento da prestação. O art. 410 proíbe a cumulação de pedidos. b) Quando moratória, terá o credor o arbítrio de exigir a satisfação da pena cominada, juntamente com o desempenho da obrigação principal (art. 411).
7. Institutos afins	a) Perdas e danos: malgrado a semelhança com a cláusula penal, naquelas o valor é fixado pelo juiz, com base nos prejuízos provados, enquanto nesta o valor é antecipadamente arbitrado pelas próprias partes. b) Multa simples ou cláusula penal pura: não tem relação com inadimplemento contratual, sendo estipulada para casos de infração de certos deveres, como a imposta ao infrator de trânsito, p. ex. c) Multa penitencial: ao contrário da cláusula penal, que é estabelecida em benefício do credor (art. 410), a multa penitencial é estabelecida, contratualmente, em favor do devedor, que terá a opção de cumprir a prestação devida ou pagar a multa. d) Arras penitenciais: ambas têm natureza acessória e por finalidade garantir o inadimplemento da obrigação. As arras, todavia, diversamente da cláusula penal, facilitam o descumprimento da avença, não podem ser reduzidas pelo juiz e são pagas por antecipação, consistindo na entrega de dinheiro ou de qualquer outro objeto.

Capítulo VI

DAS ARRAS OU SINAL

96 CONCEITO E NATUREZA JURÍDICA

Sinal ou arras é quantia ou coisa entregue por um dos contraentes ao outro, como confirmação do acordo de vontades e princípio de pagamento. É instituto muito antigo, conhecido dos romanos, que costumavam entregar simbolicamente um anel, para demonstrar a conclusão do contrato. Tem cabimento apenas nos contratos bilaterais translativos do domínio, dos quais constitui pacto acessório. Não existe por si: depende do contrato principal. As arras, além da natureza acessória, têm também caráter real, pois se aperfeiçoam com a entrega do dinheiro ou de coisa fungível, por um dos contraentes ao outro.

97 ESPÉCIES

As arras são confirmatórias ou penitenciais. Sua principal função é confirmar o contrato, que se torna obrigatório após a sua entrega. Prova o acordo de vontades, não mais sendo lícito a qualquer dos contratantes rescindi-lo unilateralmente. Quem o fizer responderá por perdas e danos, nos termos dos arts. 418 e 419 do Código Civil.

Preceitua o primeiro dispositivo citado: "Se a parte que deu as arras não executar o contrato, poderá a outra tê-lo por desfeito, retendo-as; se a inexecução for de quem recebeu as arras, poderá quem as deu haver o contrato por desfeito, e exigir sua devolução mais o equivalente, com atualização monetária segundo índices oficiais regularmente estabelecidos, juros e honorários de advogado". A parte inocente pode conformar-se apenas com ficar com o sinal dado pelo outro, ou com o equivalente, ou pode, ainda, "pedir indenização suplementar, se provar maior prejuízo, valendo as arras como taxa mínima". Pode, também, "exigir a execução do contrato, com as perdas e danos, valendo as arras como o mínimo da indenização" (art. 419). Não havendo nenhuma estipulação em contrário, as arras consideram-se confirmatórias.

Podem, contudo, as partes convencionar o direito de arrependimento. Nesse caso, as arras denominam-se penitenciais, porque atuam como pena convencional, como sanção à parte que se valer dessa faculdade. Prescreve, com efeito, o art. 420 do Código Civil: "Se no contrato for estipulado o direito de arrependimento para qualquer das partes, as arras ou sinal terão função unicamente indenizatória. Neste caso, quem as deu perdê-las-á em benefício da outra parte; e quem as recebeu devolvê-las-á, mais o equivalente. Em ambos os casos não haverá direito a indenização suplementar".

Acordado o arrependimento, o contrato torna-se resolúvel, respondendo, porém, o que se arrepender pelas perdas e danos prefixados modicamente pela lei: perda do sinal dado ou sua restituição em dobro. A duplicação é para que o inadimplente devolva o que recebeu e perca outro tanto.

Não se exige prova de prejuízo real. Por outro lado, não se admite a cobrança de outra verba, a título de perdas e danos, ainda que a parte inocente tenha sofrido prejuízo superior ao valor do sinal. Proclama a Súmula 412 do Supremo Tribunal Federal: "No compromisso de compra e venda com cláusula de arrependimento, a devolução do sinal, por quem o deu, ou a sua restituição em dobro, por quem o recebeu, exclui indenização maior, a título de perdas e danos, salvo os juros moratórios e os encargos do processo".

O sinal constitui, pois, predeterminação das perdas e danos em favor do contratante inocente. A jurisprudência estabeleceu algumas hipóteses em que a devolução do sinal deve ser pura e simples, e não em dobro: a) havendo acordo nesse sentido; b) havendo culpa de ambos os contratantes (inadimplência de ambos ou arrependimento recíproco); e c) se o cumprimento do contrato não se efetiva em razão do fortuito ou outro motivo estranho à vontade dos contratantes.

98 FUNÇÕES

Tríplice a função das arras. Além de confirmar o contrato, tornando-o obrigatório, e de servir de prefixação das perdas e danos quando convencionado o direito de arrependimento, como visto, as arras atuam, também, como começo de pagamento. É o que preceitua o art. 417 do Código Civil: "Se, por ocasião da conclusão do contrato, uma parte der à outra, a título de arras, dinheiro ou outro bem móvel, deverão as arras, em caso de execução, ser restituídas ou computadas na prestação devida, se do mesmo gênero da principal".

O sinal constitui princípio de pagamento quando a coisa entregue é parte ou parcela do objeto do contrato, ou seja, é do mesmo gênero do restante a ser entregue. Assim, por exemplo, se o devedor de dez bicicletas entrega duas ao credor, como sinal, este constitui princípio de pagamento. Mas, se a dívida é em dinheiro e o devedor entrega duas bicicletas a título de sinal, estas constituem apenas uma garantia e devem ser restituídas quando o contrato for cumprido, isto é, quando o preço total for pago.

Quadro sinótico – Arras ou sinal

1. Conceito	Sinal ou arras é quantia ou coisa entregue por um dos contraentes ao outro, como confirmação do acordo de vontades e princípio de pagamento.
2. Natureza jurídica	As arras têm natureza acessória, pois dependem do processo principal, e caráter real, pois se aperfeiçoam com a entrega do dinheiro ou de coisa fungível, por um dos contraentes ao outro.
3. Espécies	a) Confirmatórias. A principal função das arras é confirmar o contrato, que se torna obrigatório após a sua entrega (arts. 418 e 419). b) Penitenciais. São assim denominadas quando as partes convencionam o direito de arrependimento (art. 420).
4. Funções	a) Confirmar o contrato. b) Servir de prefixação das perdas e danos quando convencionado o direito de arrependimento (art. 420). c) Constituir princípio de pagamento.